Günter Keil
Gisela Bruschek

Generation Kinderlos

Jenseits von Zeugungsstreik
und Gebärzwang

Pantheon

FSC
Mix
Produktgruppe aus vorbildlich
bewirtschafteten Wäldern und
anderen kontrollierten Herkünften

Zert.-Nr. SGS-COC-1940
www.fsc.org
© 1996 Forest Stewardship Council

Verlagsgruppe Random House FSC-DEU-0100
Das für dieses Buch verwendete FSC-zertifizierte Papier *Munken Premium*
liefert Arctic Paper Munkedals AB, Schweden.

Erste Auflage
Februar 2008

Copyright © 2008 by Pantheon Verlag, München,
in der Verlagsgruppe Random House GmbH

Umschlaggestaltung: Jorge Schmidt, München
Satz: Ditta Ahmadi, Berlin
Druck und Bindung: GGP Media GmbH, Pößneck
Printed in Germany 2008
ISBN: 978-3-570-55054-0

www.pantheon-verlag.de

Inhalt

Kinder, Klischees und Kritik
Warum wir dieses Buch geschrieben haben

Erst Kindergarten, dann Schule, später Studium oder Lehre. Anschließend Beruf, Hochzeit, Kinder – so ist das Leben. Sagt man. Ein klassischer, klar strukturierter Verlauf, der irgendwann einmal, nach möglichst vielen, erfüllten Jahren, sein natürliches Ende findet. Was gar nicht so schlimm anmuten muss angesichts der verbreiteten Hoffnung, dass dann die eigenen Kinder und Enkelkinder die Restmenschheit als Mitglieder der Neugeneration mit ihrer Anwesenheit beglücken. Der traditionelle Lebensentwurf – ist er nicht eine tolle Sache? Mag sein. Mit unserer kinderlosen Alternative hat er allerdings nur wenig gemeinsam. Wir leben nicht nach den Vorgaben des scheinbar konkurrenzlosen Reproduktionsmodells. Und ziehen damit gleichzeitig jede Menge Kritik auf uns. Ob Kinderlose gewollt oder ungewollt ohne Nachwuchs bleiben, spielt dabei eine untergeordnete Rolle. In der seit Jahren aufgeregt bis hysterisch geführten Debatte über den angeblich bedrohlichen Geburtenrückgang werden vorwiegend Klischees über die vermeintlich egoistischen Fortpflanzungsverweigerer (gemeint sind Menschen wie wir) präsentiert. Kaum jemand kennt uns wirklich. Aber fast jeder hat eine – oft vorgefertigte – Meinung über uns. Das muss sich ändern. Es ist an der Zeit, dass Menschen ohne Nachwuchs sich nicht länger verstecken oder schweigen, sondern endlich die Stimme erheben. Nicht aus simpler Lust auf Provokation, sondern um der Märchenverbreitung und der Mythenbildung Einhalt zu gebieten.

Also: Wir sind kinderlos. Dass diese Tatsache in keinem Kausalzusammenhang mit Egoismus, Kinderfeindlichkeit, Karrierefixierung oder Schmarotzertum steht, zeigen wir in den folgenden Kapiteln. Die »Generation Kinderlos« meldet sich zu Wort – zu ihr zählen nach vorsichtigen Schätzungen rund sechs Millionen Deutsche allein in der Altersklasse zwischen 25 und 45 Jahren. Sie alle werden wohl dauerhaft ohne Nachwuchs leben. Hinzu kommen mehr als fünf Millionen Menschen in höheren Altersklassen ohne Sprösslinge. All diese Kinderlosen haben ein Recht darauf, endlich einmal ohne Ressentiments porträtiert zu werden. Mit Einblicken in ihren Alltag und in ihre Gefühlswelt inmitten eines Landes, das sich phasenweise am Rande einer Zeugungs- und Gebärpanik bewegt. Um Missverständnissen vorzubeugen: Dies ist kein Manifest gegen Kinder und schon gar kein Streikaufruf, sondern ein Gegenentwurf zur dramatisierenden Kriegt-mehr-Kinder-Kampagne und zur geradezu absurden Verklärung der Mutter- und Vaterschaft.

An der sich auf Dauer in Hochkonjunktur befindenden Schwarzweißmalerei beteiligen sich Politiker, Wissenschaftler, Journalisten und Buchautoren. Eifrig zur Feder greifend, Tastaturen malträtierend oder in Talkshows nach ihrer Meinung befragt, zeichnen sie ein Bild von Menschen ohne Erbanhang, das mit der Lebenswirklichkeit und dem Alltag der meisten Kinderlosen nicht übereinstimmt. Die Realitätsnähe mancher Veröffentlichungen über die zunehmende Kinderlosigkeit beträgt nur ein Minimum, und das medial verstärkte Zerrbild ist in der Regel einseitig. Die Folgen von Phrasendrescherei und Vereinfachung sind offensichtlich: Die Fronten verhärten sich, geburtswillige

Paare werden idealisiert und glorifiziert, es bilden sich zwei Lager: Gut gegen Böse. Altruisten gegen Hedonisten. Papas gegen Porsches. Muttermilch gegen Müßiggang. Immer häufiger erfolgen Versuche, Eltern und Kinderlose gegeneinander in Stellung zu bringen. Hier in kuscheligen, mühsam ersparten Reihenhäusern die selbstlos-sozialen Nestbauer und dort, in luxuriösen Lofts, die gefühlskalten, verantwortungslosen Egoisten? Dieses Bild ist schiefer als ein Kinderwagen, dem auf einer Seite die Räder fehlen. Kinderlose sind nicht etwa minderwertige Menschen, nur weil sie möglicherweise Wellness-Wochenenden dem Windeln-Wechseln vorziehen. Oder nicht aus dem Stegreif über die Vor- und Nachteile von Stoff- oder Einwegwindeln referieren können. Hinzu kommt: Kaum jemand entscheidet sich aus Antipathie *gegen* Kinder, vielmehr kristallisiert sich aus unterschiedlichsten Gründen im Laufe der Zeit eine Präferenz *für* ein Leben ohne Bambini heraus. Singles, Pärchen, Ehepaare, Frauen, Männer, Akademiker, Arbeiter, Angestellte, Arbeitslose, Unternehmer – eine homogene nachwuchslose Gruppe existiert ohnehin nicht.

Kinder – ja oder nein? Eine Entscheidung, die im Grunde genommen als Privatangelegenheit eines jeden mündigen Bürgers zu betrachten ist. Doch aus der K-Frage ist längst eine öffentliche Diskussion geworden. Folgt man der Argumentation zahlreicher so genannter und selbst ernannter Experten, sind Kinderlose vor allem eines: schuld. An leeren öffentlichen Kassen. An demografischen Katastrophen. Am Kollaps der Sozialsysteme. An Kinderfeindlichkeit. Am ausbleibenden Wirtschaftsaufschwung. Und an so manch anderer Entwicklung, die man ihnen im Eifer der Empörung über die nachlassende Zeugungs- und Gebärmoral zuschreibt. Ja, für Vermehrungsapostel sind wir die Buhmänner der Nation. Und gelten in vielen Familien zumindest als schwarze Schafe. Schon die Bezeichnung »kinderlos« impliziert einen Mangel und wird nicht selten als »verantwortungslos« oder »nutzlos« interpretiert. Da erscheint es nur folgerichtig, dass sich im angloamerikanischen Raum viele Kinderlose bereits seit Jahren bewusst nicht als *childless*, sondern als *childfree* bezeichnen. In Deutschland fehlt es noch an diesem Selbstbewusstsein. Objektiv und offensiv Vorteile und Freiheiten des nachwuchslosen Daseins zu diskutieren, wagt kaum jemand. Damit wir uns nicht falsch verstehen: Wir jammern nicht oder zerfließen in Selbstmitleid (wie manche Eltern, die regelmäßig verkünden, wie entbehrungsreich ihr Leben sei, und nicht bemerken, dass gerade dieses Verhalten kaum dazu geeignet ist, Kinderlose von ihrem vermeintlich falschen Weg abzubringen). Mit mangelndem Verständnis für unsere Lebensform können wir im Prinzip gut leben. Notfalls auch mit Vorurteilen und Klischees. Wenn allerdings der Eindruck entsteht, dass Kinderlose geradezu gewohnheitsmäßig als Sündenbock herhalten müssen, regt sich der Wunsch, etwas dagegen zu unternehmen.

Es ist höchste Zeit, abstrusen Thesen, vorgefertigten Pauschalurteilen, falschen Etikettierungen und diversen Doppelzüngigkeiten etwas entgegenzusetzen: Daten und Fakten. Argumente. Erkenntnisse, die nicht ins Klapperstorch-Schema passen. Und unsere Sicht der Dinge. Dass wir dabei möglicherweise gefährliches Terrain betreten und an Tabus rühren, ist uns bewusst. Es muss jedoch erlaubt sein, auch einmal zu fragen, ob die von Politik und Wirtschaft vorgegebenen Rahmenbedingungen Kinderlosigkeit nicht geradezu begünstigen. Ob Kindersegen zum Lebensglück zwingend dazugehört. Ob der Geburtenrückgang unter bestimmten Aspekten nicht vielleicht sogar ein Glücksfall ist. Oder ob sich unter den Kritikern der Nachwuchsflautenverursacher nicht der eine oder andere Nutznießer befindet. *Wir* wollten es jedenfalls wissen und sind auf zahlreiche Widersprüche in der Argumentation von Fortpflanzungsfundamentalisten gestoßen. Im Getöse von einer »Politik zum Wohle der Kinder«, von der »kinderfeindlichen Gesellschaft« oder vom »Aussterben unseres Volkes« verbergen sich nämlich häufig wahltaktische oder schlicht egoistische Motive.

Tatsache ist: Viel zu lange haben Kinderlose geschwiegen oder sind daran gehindert worden, öffentlich Stellung zu beziehen. Was vermutlich vor allem daran liegt, dass sich bei einem Gros der Schwarzmaler die Ansicht durchgesetzt hat, bereits alles über uns zu wissen. Kinderlose – sind das nicht jene suspekten Zeitgenossen, die einzig und allein ihr eigenes Wohl im Kopf haben? Die tagein, tagaus nur an Karriere und Konsum denken? Deren Egoismus nun auch noch den Fortbestand des deutschen Volkes zu gefährden droht? Unsere detaillierte Antwort folgt auf den nächsten Seiten. Wahrscheinlich haben Sie bereits festgestellt, dass dieses Buch keineswegs einer flehentlichen Bitte um Mitleid entspricht oder gar als herzzerreißendes Plädoyer für eine verkannte und aus der öffentlichen Diskussion verbannte Randgruppe daherkommt. Nein. Wir Kinderlosen sind keine Randgruppe. Von uns gibt es immer mehr. Auch der Dalai Lama, George Clooney und die Bundeskanzlerin zählen zu uns.

Katastrophengerede und Panikmache

HORRORSZENARIEN MACHEN STIMMUNG GEGEN KINDERLOSE •
DIE MEDIENDEBATTE VERLÄUFT EINSEITIG • FRAGWÜRDIGE
PROGNOSEN FÜHREN ZUR FRONTENBILDUNG • DER GEBURTEN-
RÜCKGANG WIRD ALS ARGUMENT FÜR SOZIALABBAU MISS-
BRAUCHT

Willkommen im Deutschland des Jahres 2040: Griesgrä-
mige Rentner schlurfen durch trostlos und unbewohnt
wirkende Straßen. Nur selten kommt den gramgebeugten
Gestalten auf dem Bürgersteig eine gut gelaunte junge Frau
(oder noch seltener: ein junger Mann) mit Kinderwagen
entgegen. Die wenigen Kinder, die noch geboren werden,
müssen in den Spiegel gucken, wollen sie Gleichaltrige sehen. Babynahrung, Pampers und Spielzeug sind aus den
Regalen der Supermärkte so gut wie verschwunden. Stattdessen hat sich das Angebot an Gehhilfen, Hörgeräten und
Inkontinenz-Produkten vervielfacht. Familien mit mehr
als zwei Personen pro Haushalt werden nur noch in eigens
ausgewiesenen Wohnanlagen in schlechter Lage akzeptiert.
Um die vielen gut verdienenden Singles, kinderlosen Se-
nioren und karriereorientierten Dinks (Double income,
no kids) reißen sich Vermieter und Bauherren hingegen. Es
ist so weit: Selbstverliebte, rücksichtslose, reproduktions-
unwillige Karrieristen geben in Politik und Gesellschaft
den Ton an. Aus Kinderspielplätzen sind rollstuhlgerechte
Altentreffpunkte geworden. Nur selten hallt ein kindliches
Lachen durch die entvölkerten Innenstädte – allein das

verbitterte Fluchen aus rauen Kehlen ist in der Stille zu vernehmen. Dritte Zähne statt Milchzähne. Wenn irgendwo Menschen in Not geraten, eilt niemand herbei. Denn die Egoisten haben die Macht übernommen. Und sie sind in der Mehrheit.

Ein Horrorszenario, kein Zweifel. In gewisser Weise unheimlicher als so mancher Stephen-King-Roman oder eine Obduktions-Szene aus der TV-Serie *C.S.I.* Der düstere Blick in den demografischen Abgrund entspricht angeblich nicht einer provokanten Übertreibung. Nach Ansicht diverser reproduktionsfanatischer Wissenschaftler, publizistischer Schaumschläger und polemisierender Politiker wird es tatsächlich so weit kommen. Die Ursachen für eine derartige katastrophale Entwicklung sind ihrer Meinung nach offensichtlich: Zu viele Bürger weigern sich, Nachwuchs in die Welt (bzw. in unser durch Schrumpfung und daraus folgender Bedeutungslosigkeit bedrohtes Vaterland) zu setzen. Dass neben vielen anderen Aspekten auch die deutlich gestiegene Lebenserwartung ihren Anteil an den veränderten Bedingungen haben könnte (sie verringert den Anteil der Frauen im gebärfähigen Alter), wird zwar gelegentlich erwähnt, indessen: Gegen ein im Grunde genommen begrüßenswertes langes Leben lässt sich nun einmal nicht so gut Stimmung machen wie gegen Kinderlose. Wem sonst sollte man an der beängstigenden Babyflaute die Schuld geben?

Die Art und Weise, wie die Debatte um die drohende Altenrepublik geführt wird, setzt viele Menschen ohne Nachkommen stark unter Druck. In unzähligen Leitartikeln, Diskussionsrunden, Talkshows, Ministeriumsverlautbarungen und nicht zuletzt an Stammtischen wird intensiv

über die Gründe und Folgen des »Zeugungs- und Gebär-
streiks« diskutiert – meist von Personen, die selbst Kinder
haben. Entsprechend realitätsfern wirken zahlreiche Texte
und Wortbeiträge, die nicht selten direkt oder indirekt eine
moralische Pflicht zur Fortpflanzung suggerieren.

Gefragt sind Gegenargumente. Doch die Stimmen
Kinderloser sind in der öffentlichen Diskussion nur in
Ausnahmefällen zu vernehmen. Diejenigen, um die sich
die Debatte dreht, gleichen Phantomen. Was – zugegebe-
nermaßen – auch an uns selbst liegen kann. Wer tritt schon
gerne ins Rampenlicht, wenn negative Reaktionen des
bereits eingeschworenen Publikums vorhersehbar sind?
»Wissenschaftliche Befunde sprechen bis in jüngste Zeit
davon, dass sich Kinderlose nach wie vor stigmatisiert
fühlen. Das mag ein Grund für ihre Zurückhaltung sein«,
sagt Professor Dr. Bernhard Strauß, der Vorsitzende der
Deutschen Gesellschaft für Medizinische Psychologie.
Festzustellen ist jedenfalls, dass der negative Tenor der Berichterstattung viele von uns davon abhält, selbstbewusst
das Wort zu ergreifen. Dabei wären gerade jetzt die Mei-
nungen und Erfahrungen von Kinderlosen immens wichtig für den vom Weg abgekommenen Demografie-Diskurs.
Schließlich herrscht in den Medien seit Jahren zwar keine
Einseitigkeit, aber allzu oft Schwarz(weiß)malerei vor:

»Baby-Schock! In zwölf Generationen sind wir ausge-
storben«, verkündet *Bild*, *Der Spiegel* verbreitet Angst vor
einem demnächst drohenden »Land ohne Lachen«, die
Welt am Sonntag diagnostiziert eine »selbstverliebte Wohl-
standsgesellschaft« und »das Versagen einer Generation
vor dem Leben«, während die *Süddeutsche Zeitung* kühl
konstatiert: »Zu viele Singles, zu wenig Nachwuchs« – die

Folge: »Deutschland vergreist«. Schon bald, so ist zu befürchten, leben wir gar in einem »Land ohne Kinder«, wie zumindest die Fernsehzeitschrift *Gong* glaubt. »Wir sind im Begriff, uns selbst abzuschaffen«, befürchtet Eva Herman in ihrem Anti-Emanzipations-Pamphlet *Das Eva-Prinzip*. »Sterben die Deutschen aus?«, fragt Maybrit Illner in ihrer ZDF-Sendung *Berlin Mitte*, während die Autorin Karin Jäckel in ihrem gleichnamigen Buch zu dem gewagten Schluss kommt: »Deutschland frisst seine Kinder«. Mahlzeit! Offenbar soll uns mit dem Katastrophengerede einerseits der Appetit verdorben und andererseits Lust auf Schnuller, Schnappi und Schaukelbettchen gemacht werden. Wie das funktionieren soll, würden wir uns gerne von den Verkündern der bevölkerungspolitischen Apokalypse erklären lassen. Grundsätzlich verursachen die skizzierten düsteren Aussichten bei den meisten wohl eher ein Unbehagen und Zukunftsangst. Nicht gerade die besten Voraussetzungen, um hoch motiviert zur Tat zu schreiten und durch eigene Aktivitäten der Nachwuchsfrage die Dramatik zu nehmen. Aber das nur nebenbei.

Wer glaubt, dass das anfangs geschilderte Zukunftsszenario nur eine ironische Überzeichnung sein kann, irrt. Wöchentlich, wenn nicht täglich, finden sich ähnliche Beschreibungen in den PR-Texten von Parteien und Verbänden und zeitversetzt in der Presse. »Die Städte verändern ihr Gesicht, wenn kein Kinderlachen mehr auf der Straße zu hören ist, die Spielplätze veröden und in den Schulen die Bänke leer bleiben«, befürchtet der Bayerische Städtetag. Und der *Stern* prognostiziert: »Wo früher Kinder tobten, werden Alzheimer-Patienten in Rollstühlen sitzen. Schieben wird sie keiner mehr: Wo heute Kinder ausblei-

16

ben, fehlen morgen die Eltern.« Dass dem Land und seinen fortpflanzungsmüden Bürgern Schlimmes bevorsteht, scheint gesichert. Warum sonst wäre in einem Leitartikel der sonst kaum zur Panikmache neigenden *Süddeutschen Zeitung* nachzulesen: »Deutschland fehlen die Kinder – und das hat Folgen, deren Tragweite noch kaum richtig erkannt sind.« Ähnlich orakelhaft wirken Frank Schirrmachers Prophezeiungen: »Aber auch die Familie und die verwandtschaftlichen Netzwerke, so müssen wir jetzt erkennen, sind Urgewalten, mit denen wir gespielt, deren Kräfte wir entfesselt haben und deren Kontrolle uns und unseren Kindern zu entgleiten droht«, meint der *FAZ*-Herausgeber in seinem das konservative Familienbild beschwörenden Bestseller *Minimum*. Noch mehr Beispiele? Bitteschön: Horst Köhlers Redenschreiber wussten offenbar schon bei seinem Amtsantritt als Bundespräsident im Jahr 2004, dass das K-Thema größte Aufmerksamkeit sichern würde. »Ohne Kinder hat unser Land keine Zukunft«, verlautbarte Köhler in seiner ersten Rede als Staatsoberhaupt. Eine Binsenweisheit, der auch wir kaum zu widersprechen wagen. Einige Monate später, angesteckt vom grassierenden Demografie-Fieber, setzte Köhler auf verschärfte Rhetorik und warnte: »Unsere Zukunft und die unserer Kinder steht auf dem Spiel.« Indes, von einem Land ohne Kinder kann – und wird auch in Zukunft – wohl keine Rede sein. Zwar wird es auf absehbare Zeit keine Rekordzahlen geben wie in den 50er und 60er Jahren, als das Statistische Bundesamt pro Jahr mehr als eine Million Neugeborene erfasste. Doch 2005 und 2006 wurden in Deutschland immerhin mehr als 680 000 bzw. 670 000 Kinder geboren, 2007 gab es regional sogar leichte Zuwächse. Allen diagnostizierten Antigebärtendenzen zum Trotz. Zwar kommen manche Studien noch immer zu dem Ergebnis, dass bis zu 40 Prozent der zurzeit 35- bis 40-jährigen Akademikerinnen kinderlos sind. Ob sie dies dauerhaft bleiben, ist jedoch völlig offen. Viele Umfragen basieren auf ungenauen Daten oder gar auf Annahmen, für die es keine Beweise gibt. Das Deutsche Institut für Wirtschaftsforschung schätzt, dass ein Viertel der Frauen mit Hochschulabschluss ohne Kinder bleibt. Auch auf andere Bevölkerungsgruppen bezogen scheint die Vermutung realistisch, dass grundsätzlich maximal 25 Prozent der heute zeugungs- und gebärfähigen Bürger bis an ihr Lebensende ohne eigenen Nachwuchs bleiben werden. Diese Zahlen bestätigt unter anderem eine im Auftrag des Bundesfamilienministeriums erstellte Studie des Deutschen Instituts für Wirtschaftsforschung Berlin (DIW). Woraus sich selbst ohne Kenntnisse der höheren Mathematik folgern lässt, dass mindestens drei Viertel der volljährigen Deutschen weiterhin eigene Kinder haben werden. Kinderlos wird das Land auch in Zukunft nicht sein. Nach Berechnungen des Statistischen Bundesamtes leben in 50 Jahren immer noch rund zwölf Millionen Kinder und Jugendliche in Deutschland (zurzeit sind es rund 15 Millionen). Und der zu erwartende Rückgang der Gesamtzahl der Bevölkerung von 82 auf 75 Millionen Menschen dürfte in einem der am dichtesten besiedelten Länder Europas zu verschmerzen sein. Doch Differenzierungen sind unerwünscht – sie würden nur den Schockeffekt und die Prognosegläubigkeit verringern. Ein weiteres Beispiel: Ohne steigende Geburtenrate kein wirtschaftlicher Erfolg, zählt zu den Mythen, die der Anfang 2007 verstorbene Volkswirtschaftler und Soziologe Karl

Otto Hondrich in seinem letzten Buch *Weniger sind mehr. Warum der Geburtenrückgang ein Glücksfall für unsere Gesellschaft ist* untersucht. »Dass Bevölkerungswachstum die Wirtschaft antreibe, ist für uns zu einer Art *common sense* geworden. Deshalb richtet sich alles Denken auf die Erhöhung der Geburtenrate – obwohl eine weltweite Untersuchung von 134 Ländern zu dem Ergebnis kommt, dass sozioökonomisches Wachstum zurückgeht, wenn die Geburtenraten steigen.«[1]

Feindbild Kinderlose. Ebenso beliebt wie das Entwerfen schauriger Zukunftsszenarien ist der direkte verbale Angriff auf Menschen, die keine eigenen Kinder haben. Der Reformpädagoge Hartmut von Hentig ist davon überzeugt, dass ein Leben ohne Kinder »moralische Verwahrlosung« bewirke. Einen »geistigen Verarmungsprozess« diagnostiziert Ex-Bundespräsident Roman Herzog.[2] Die *Frankfurter Allgemeine Sonntagszeitung (FAS)* wendet sich direkt an die vermeintlich Schuldigen und fragt scheinheilig: »Was ist nur mit den Frauen los?« Nicht wenige *FAS*-Leser denken angesichts dieser Schlagzeile vermutlich spontan an Karriere-Zicken, Luxus-Luder und Erziehungsunwillige. Kinderlosen Männern nimmt man ihre Enthaltung meist nicht ganz so übel, doch Frank Schirrmacher hat wohl überwiegend geldgeile Egoisten im Sinn, wenn er behauptet: »Kinderlosigkeit wirkt wie eine Methode zur Gewinnmaximierung – die lebensweltliche Variante der Ich-bin-doch-nicht-blöd-Kultur des Jahres 2005.« Von Kindern in unserer Gesellschaft, so meint er, profitierten materiell nur diejenigen, die keine haben.[3] Folgt man dieser Argumentation, liegt es nahe, die Fortpflanzungsverweigerer mit Sanktionen zu belegen. Strafe muss schließlich sein. Der Demografieforscher und Gründer des »Instituts für Demografie, Allgemeinwohl und Familie«, Herwig Birg, weiß genau, wie man uns zu behandeln hat: »Bei der Besetzung von Arbeitsplätzen sollte man Eltern Kinderlosen bei gleicher Qualifikation vorziehen.« Zudem plädiert er für ein Familienwahlrecht, das jedes Kind mit einer zusätzlichen Stimme belohnt.[4] Urnenmacht für große Sippen – ob der Bevölkerungswissenschaftler bedacht hat, dass dieser Vorschlag auch ausgerechnet jenen kinderreichen Familien »mit Migrationshintergrund« zugutekommen würde, denen man sonst gerne Verantwortungslosigkeit und ein Leben in der sozialen Hängematte unterstellt? Wie auch immer: Wer nicht zeugt und gebärt, soll zur Kasse gebeten werden. Erst recht bei der Rente. »Die Rentenversicherung ist eine Versicherung gegen Kinderlosigkeit. Auch wenn man selbst keine Kinder haben kann, muss man im Alter nicht hungern, weil man von den Kindern anderer Leute ernährt wird«, schreibt Hans-Werner Sinn in einem Artikel für die *Westdeutsche Zeitung*. Der Leiter des ifo Instituts will, dass »die notwendigen Rentenkürzungen auf Kinderlose fokussiert werden«. Auch der CSU-Bundestagsabgeordnete Norbert Geis fordert, dass Kinderlose eine verminderte Rente bekommen oder mehr in die Rentenkasse einzahlen sollten.[5] Dass derartige Forderungen auf teilweise grob vereinfachenden oder einseitigen Berechnungen beruhen, zeigen wir im Kapitel »Warum Finanzminister Kinderlose lieben« ab Seite 75.

Es geht aber auch anders. Bei näherer Betrachtung finden sich durchaus differenzierte Stimmen im lauten Klagekonzert. Die Diplom-Psychologin und Buchautorin Christine Carl hat beobachtet: »Kinderlose kommen – etwa in der aktuellen Rentendebatte – nur als ›double income, no kids‹ und Sozialschmarotzer vor. Die gesellschaftliche Toleranz lässt an diesem Punkt noch sehr zu wünschen übrig.«[6] Auch die Journalistin Christiane Grefe ist es leid, dass Kinderlose pauschal als Karriere- und Genussmenschen abgestempelt werden. »Zunehmend werden Kinderlose in Talk-Shows und Kommentaren als Asoziale dargestellt, die ›weder ihr Geld noch ihre Zeit und Kraft mit anderen teilen‹; die der Gesellschaft, wie der Buchautor Herbert Birg allen Ernstes schreibt, lebenslang beweisen müssen, dass ihr Handeln ›dennoch mit den Geboten der Sittlichkeit übereinstimmt‹.«[7] Professor Gerd Bosbach, der Statistik, Mathematik und Empirik an der Fachhochschule Koblenz, Standort Remagen, lehrt, meint: »Oft stehe ich fassungslos vor dieser Debatte: Systematisch werden positive Faktoren, obwohl augenscheinlich, ausgeblendet, werden simple logische Zusammenhänge übersehen, werden Zukunftsberechnungen mit der kommenden Wirklichkeit verwechselt, werden Fakten falsch oder verwirrend dargestellt – Hauptsache dramatisch.«[8] Die *Süddeutsche Zeitung* vermeldete bereits im Februar 2005 »Statistik auf Erstklässler-Niveau« und gab zu bedenken, dass sich die tatsächliche Kinderlosigkeit wegen schlechter Datenerhebung nicht genau beziffern ließe. Im republikweit Besorgnis erregenden Geschwafel vom Aussterben der Deutschen gingen diese und ähnliche Meldungen unter. Wie praktisch. So konnte weiter zum Angriff geblasen werden – auf Kinderlose und den Sozialstaat (den wir uns nach Ansicht von Regierungs- und Wirtschaftsvertretern in Anbetracht der vermeintlich katastrophalen Lage keinesfalls mehr leisten können).

Dass die vielerorts überwiegende Panikmache fehl am Platze ist, lässt sich auch den Publikationen des Berlin-Instituts für Bevölkerung und Entwicklung entnehmen. In Anbetracht des angeblich neuen, alarmierenden Kindermangels notieren die Experten relativierend: »In Wirklichkeit gehen die Kinderzahlen in Deutschland seit über hundert Jahren zurück. Die Frauen des Jahrgangs 1935 waren die letzten, die im Mittel 2,1 Kinder bekamen. So viele wären nötig, um den Bestand einer Bevölkerung aufrechtzuerhalten. Seit Anfang der 1970er Jahre ist jede Kindergeneration um ein Drittel kleiner als die ihrer Eltern.«[9] Weniger Kinder, höheres Alter – das ist demnach absolut nichts Neues. Im Verlauf des vergangenen Jahrhunderts stieg die Lebenserwartung gewaltig: um mehr als 30 Jahre. Für die nächsten knapp 50 Jahre prognostiziert das Statistische Bundesamt eine Zunahme um weitere sechs Jahre. Nicht viel im historischen Vergleich. Auch die prozentuale Verringerung der Kinderzahl war im letzten Jahrhundert stärker als für die Zukunft vorhergesagt. Der Anteil von Kindern und Jugendlichen an der Bevölkerung, so rechnet Gerd Bosbach vor, sank von 1900 bis 2000 von 44 auf 21 Prozent und soll in der halben Zeitspanne bis 2050 auf 16 Prozent fallen. Kein Anlass zur Dramatik also. Die Anzahl der zu versorgenden über 65-jährigen Bürger hat sich im Übrigen in den vergangenen hundert Jahren deutlicher erhöht, als für die Zukunft prophezeit. »Konsequenz dieser Fakten: Wir haben im letzten Jahrhundert viel mehr verkraftet, als für die Zukunft erwartet wird. Und das bei massiv steigendem Wohlstand für alle und einem Auf- und Ausbau der Sozialsysteme. Altern und weniger Kinder erzwingen also mitnichten einen Abbau sozialer Leistungen«, meint Statistikprofessor Bosbach. Egal, welchen Zahlen man letztlich vertraut: Wer intensiv recherchiert, stößt auf zahlreiche fragwürdige Statistik-Spielereien. Beliebt ist beispielsweise der Verweis auf die so genannte Fertilitätsrate, die statistische Kinderzahl pro Frau. Sie liegt in Deutschland seit Jahren zwischen 1,3 und 1,4. Eine Größe, die jedoch zu falschen Schlussfolgerungen führen kann, wenn man von ihr auf den Anteil der kinderlosen Frauen schließt. In den USA oder Finnland ist dieser zwar zeitweise fast genauso hoch wie hierzulande – die Fertilitätsrate unterscheidet sich aber deutlich, da Mütter aus den genannten Ländern durchschnittlich mehr Kinder bekommen. Auch diesen feinen Unterschied sollte man kennen, bevor man Alarm schlägt und Kinderlose pauschal mit Schuldzuweisungen überhäuft. Wissenschaftler des Max-Planck-Instituts für demografische Forschung in Rostock bezeichneten die Geburtenrate im Juli 2007 ohnehin als unscharfe Momentaufnahme.[10]

Immerhin: In letzter Zeit mehren sich Anzeichen für eine zaghafte Bereitschaft, die Demografiedebatte etwas sachlicher zu führen. Der *FOCUS*, in der Vergangenheit äußerst besorgt ob der grassierenden Vermehrungsverweigerung und der Unvereinbarkeit von Familie und Beruf (»ein deutsches Dilemma«), beruft sich auf den Unternehmensberater Nicholas Strange. Dieser hält den in Mode gekommenen Methusalem-Pessimismus für maßlos übertrieben. Und in Bezug auf die schrumpfenden Bevölkerungszahlen vermeldet das Magazin: »Eine problematische Entwicklung, die allerdings auch positive Effekte birgt.«[11] Na bitte! Wo zuvor eine Fokussierung auf die negativen Aspekte festzustellen war und ein schweres Demografie-Unwetter auf hoher See prophezeit wurde, rudert man nun in wesentlich ruhigeren Gewässern zurück. Warum nicht gleich? Das *SZ-Magazin* titelt: »Deutschland stirbt aus. Halb so wild«. Udo Perina schreibt in der *Zeit:* »Vermutlich hat der britische Demograf David Eversley recht. Dieser Spezialist für Bevölkerungsprognosen behauptet, dass Voraussagen (…) der reinste Irrglaube seien. Sie würden nur aus einem einzigen Grund gemacht: um bestimmte politische Ziele durchzusetzen.«[12] Während sich der Medien-Wind langsam dreht, kämpfen viele Kinderlose mit den Folgen des Sturms aus Voreingenommenheiten. Das uns über Jahre zugeschriebene Negativ-Image dürfte eine ziemlich hohe Halbwertzeit aufweisen. Eine kleine Klarstellung: Niemand bestreitet, dass die demografische Entwicklung Folgen hat. Auch wir schließen nicht aus, dass der Rückgang der Geburtenzahlen zu Problemen führen kann. Man sollte allerdings sachlich und möglichst objektiv darüber diskutieren.

Viele der medial erzeugten Kinderlosen-Klischees haben ihren Ursprung in einer tabuisierten Themenaufarbeitung. Gibt es gute Gründe, keine Kinder zu bekommen? Lenken Negativszenarien von ungleich wichtigeren gesellschaftlichen Fehlentwicklungen ab? Könnte es sein, dass Deutschland und die ganze Welt von weniger Neugeborenen profitieren? Ist es möglich, dass Menschen ohne eigene Kinder mindestens genauso glücklich sind wie die mit? Diese Fragen stellen sich die meisten Meinungsmächtigen erst gar nicht. Schade. Denn dann müssten sie etwa einsehen, dass die Sorge um das Aussterben der Deutschen angesichts des Zuwachses der Weltbevölkerung im 20. Jahrhundert von 1,6 auf 6,1 Milliarden Menschen doch etwas kleinkariert anmutet. »Nabelschau-Demografie« nennt der Soziologe Ulrich Beck das weit verbreitete Denken in engen Grenzen. Und das, obwohl Politiker sonst keine Gelegenheit auslassen, zu betonen, dass man globaler denken und handeln müsse. Dies gilt offensichtlich nicht für den Umgang mit der deutschen Geburtenflaute. »Noch immer tun wir so, als seien die Probleme des Bevölkerungsrückgangs, des Alterns der Gesellschaft deutsche oder italienische oder polnische oder spanische Probleme. Doch wohin man in Europa schaut, überall eine ähnliche Situation«, schreibt Beck in der *Süddeutschen Zeitung*.[13] Sein Resümee: »Falscher Alarmismus«.

Wetten, dass zeugungs- und gebärunwillige Bürger dennoch weiterhin als »bevölkerungspolitische Blindgänger« bezeichnet werden? Schließlich trennt sich ein Großteil der Medien und ihrer Konsumenten nur sehr ungern von jahrelang sorgfältig gehegten und gepflegten Vorurteilen. Nicht auszuschließen ist zudem, dass sich hinter dem Krisengeheul und den Schuldzuweisungen handfeste Interessen oder zumindest eine recht einseitige Auffassung von Sozialpolitik verbergen. Das DIW verweist beispielsweise auf die Arbeit der noch von der rot-grünen Bundesregierung eingesetzten Rürup-Kommission, die aufgrund von stagnierenden Geburtenzahlen und steigender Lebenserwartung bereits vor Jahren den Umbau der sozialen Sicherungssysteme empfahl. »Diese Botschaft liefert seither das legitimatorische Begleitprogramm einer Politik der sozialen Einschnitte, die weite Bevölkerungskreise unmittelbar trifft oder beschäftigt«, so das DIW.[14] Der Journalist und Buchautor Thomas Westerkamp vermutet: »Das Geschreibe und Gerede über eine nahende demografische

Katastrophe eignet sich prima als ideologische Vorbereitung für weiteren Sozialabbau.«[15] In dieses Bild passt das Schlagwort von der »Generationengerechtigkeit«, mit dem seit einigen Jahren massives staatliches Abspecken gefordert wird. »Das verkrampfte Bemühen um mehr Generationengerechtigkeit, der noch nie so viel Beachtung wie heute zuteil wurde, überdeckt die in sämtlichen Altersgruppen, in der ganzen Gesellschaft drastisch wachsende soziale Ungleichheit«, meint der Politikwissenschaftler Professor Christoph Butterwegge[16] und stellt fest: Wenn ein Wohlfahrtsstaat demontiert wird, seine Transferleistungen für Bedürftige gesenkt und die gültigen Anspruchsvoraussetzungen verschärft werden, obwohl das Bruttoinlandsprodukt wächst und der gesellschaftliche Reichtum zunimmt, kann weder von sozialer noch von Generationengerechtigkeit die Rede sein. Man muss nicht allzu viel Fantasie aufbringen (oder gar Verschwörungstheorien aufstellen), um einflussreiche Profiteure des Demografiediskurses auszumachen. Konzerne etwa, die auf den Ausstieg aus der paritätisch finanzierten Rente hoffen, um noch mehr Kosten zu sparen. Private Rentenversicherer, die stolz von starken Wachstumsraten berichten und gleichzeitig ohne Skrupel Personal »freistellen«. Die Dauerkritik an Kinderlosen erscheint in diesem Zusammenhang in einem völlig neuen Licht. Und, ganz ehrlich, ein Schuldgefühl mag sich in Anbetracht der in diesem Kapitel aufgezeigten Widersprüche und Ungereimtheiten bei uns schon gar nicht einstellen.

Druck von allen Seiten

UNANGEBRACHTE KOMMENTARE ZUM AUSBLEIBENDEN KINDER-
SEGEN • DIE KINDERFIXIERUNG DES GESELLSCHAFTLICHEN
UMFELDS • IM BERUFSLEBEN PROFITIEREN ELTERN OFT VOM
EINSATZ DER KOLLEGEN OHNE NACHWUCHS • WARUM KINDER-
LOSE SICH IMMER UND ÜBERALL RECHTFERTIGEN MÜSSEN

In der Provinz beginnt der Spießrutenlauf wesentlich früher als in Großstädten. »Na, wann ist es denn endlich so weit?«, müssen sich auf dem Land Frauen (und gelegentlich Männer) fragen lassen, die noch nicht einmal ihr 30. Lebensjahr erreicht haben. Mal besorgt, mal drängend, mal mitfühlend, mal verärgert. Und jeder weiß sofort, worum es geht: um Nachwuchs. Um Fortpflanzung, ergo den Sinn des Lebens. Oder zumindest um den Bestand der Dorfpopulation, einen Immobilien-Erben, die Familienehre. Es geht um das, was schon immer zu tun war und auch heute noch erwartet wird. Und zwar möglichst bald. Doch mit dem »bald« ist das so eine Sache. Die deutschen Frauen und Männer – und mit ihnen Millionen Altersgenossen weltweit – lassen sich immer mehr Zeit, bevor sie sich endgültig mit der Kinderfrage auseinandersetzen. Viele lassen es sogar ganz bleiben. Im Schnitt sind die Frauen zwischen Flensburg und Garmisch-Partenkirchen etwas älter als 29 Jahre, wenn sie zum ersten Mal schwanger werden. Deutsche Männer werden meist erst dann Vater, wenn sie mindestens 31 Jahre alt sind. Vor 15 Jahren noch waren nur etwa zehn Prozent der Mütter bei der Geburt ihres ersten Sprösslings über 35 Jahre, heute sind es rund 23 Prozent. Immer häufiger und zunehmend länger müssen junge Frauen sich vorwurfsvolle Fragen gefallen lassen. Anfangs: »Na, wann ist es denn endlich so weit?«, später die verschärften Varianten: »Worauf wartest du eigentlich?« und »Warum hast du immer noch keine Kinder?« Familiengründung, so ist immer wieder zu hören, sei eines der wichtigsten Ziele im Leben eines jeden Menschen. Der Druck nimmt zu, und nicht wenige Frauen fragen sich, ob irgendetwas mit ihnen nicht in Ordnung ist, wenn sie selbst mit Anfang 30 (noch) nicht den dringenden Wunsch nach Kindern verspüren. »Ich musste mich immer wieder rechtfertigen, weshalb ich meine Gebärfähigkeit nicht nutze, während andere Leute aus den aberwitzigsten Gründen Kinder in die Welt setzen«, berichtet die Autorin Brigitte Piwonka von ihren Erfahrungen.[1]

In Ballungsräumen hält sich die Entrüstung in der Regel (zunächst) in Grenzen – Zeugungshardliner registrieren zwar kopfschüttelnd die mit heiratsmüden und an Nachkommen zunächst eher desinteressierten Studenten bevölkerten Universitäten, die unüberschaubaren Freizeitangebote für vergnügungssüchtige potentielle Eltern und beobachten mit Argusaugen Headhunter, die gebärfähigen Frauen mit verlockenden Karriereversprechungen Heim und Herd ausreden. Doch dann begreifen sie in der Regel: Da ist erstmal nichts zu machen. Später, wenn die Fortpflanzungsunlust bei ihren mittlerweile auf die 40 zugehenden Studienobjekten immer noch anhält, bleibt den Kinderbefürwortern nicht viel mehr als der Vorwurf, sie wollten keine Verantwortung übernehmen und würden schon noch sehen, was dieses Verhalten nach sich ziehen werde. »Pass auf, dass du diese Entscheidung nicht später einmal bereuen wirst!«, müssen sich Kinderlose von besonders hartnäckigen Verwandten oder Freunden anhören. Zwischenfrage: Muss man denn Kinder bekommen, obwohl man gar nicht den Wunsch danach verspürt? Sicher: Manche Kinderlose nehmen sich die Sprüche und Warnungen möglicherweise indirekt zu Herzen. Viele andere nicht. Und wieder andere bekommen irgendwann überraschend doch noch Lust auf Schwangerschaftsgymnastik und Nuckelflaschenfachkenntnisse. Warum auch nicht? Jeder sollte die K-Frage auf seine individuelle Art lösen dürfen, und zwar ohne unqualifizierte Kommentare.

Merkwürdige Erlebnisse. Dass kinderfixierte Menschen unsere Lebenssituation und Gemütslage bisweilen völlig falsch einschätzen und nicht selten sonderbare Verhaltensweisen im Umgang mit uns an den Tag legen, erleben wir regelmäßig. Scheinbar harmlose Fragen, subtile Methoden der Beeinflussung, handfeste Vorwürfe – Kinderlose kennen das gesamte Spektrum nur zu genau. Manchmal sind die uns dargebotenen sprachlichen Verrenkungen so grotesk, dass sie vorübergehend für Heiterkeit sorgen. Besonders skurril wird die Lage, wenn sich im Denken des wohlmeinenden sozialen Umfelds die Anzeichen für eine verzerrte Wahrnehmung häufen. Denn was nicht ist, darf nicht sein. »Aha! Bei euch ist also Nachwuchs unterwegs!«, glauben Freunde zu wissen, wenn man überraschend in eine größere Wohnung zieht. Ähnliche Reaktionen erfahren manche Kinderlose, wenn sie sich nach den aktuellen Preisen für Kombis oder Vans erkundigen. Selbst wenn man die Vermutung verneint, bleiben komplizenhafte Stöße in die Rippen und ein verschwörerisches

Augenzwinkern nicht aus: »Ach komm, gib es doch zu. Ist ja auch Zeit geworden!« Legen kinderlose Frauen im Urlaub ein paar Kilo zu oder tragen aus Bequemlichkeit weite Klamotten, sehen sie sich urplötzlich mit verzückt-verklärten Gesichtsausdrücken von Müttern, Kolleginnen und Freundinnen konfrontiert. »Ist da etwa was Kleines unterwegs?«, lautet die mal gedachte, mal laut ausgesprochene rhetorische Frage. Bauchwölbung bedeutet Babyglück. Oft wird noch ein: »Mensch, ich freue mich ja so für dich!« hinterhergeschoben – in der vermeintlichen Meinung, Kinderlose seien bald nicht mehr kinderlos, sprich: endlich auf der »richtigen« Seite angekommen –, bevor schließlich die nüchterne Wahrheit ans Licht kommt und die darauf folgende Stille beklemmende Ausmaße erreicht. Doch nicht einmal derartige Situationen führen bei den Missionaren in Sachen Nachwuchs zu einem Umdenken. Das allein an Kinder-Kategorien ausgerichtete Agieren ist offenbar so tief verankert, dass die Fragerei bald wieder von vorne beginnt.

Spätestens wenn nach Ansicht von Vermehrungstheoretikern die biologische Uhr immer lauter tickt oder gar auf fünf vor zwölf steht, nehmen die Verbalattacken zu. »Jede verheiratete Frau, die nicht spätestens an ihrem 25. Geburtstag den Wunsch nach einem Kind laut werden lässt, muss mit neugierigen, um nicht zu sagen zweifelnden Fragen ihrer Umgebung rechnen«, schreibt Brigitte Piwonka in ihrem Buch *Der Kinderwunsch, ein Egotrip?*. Die Autorin hat beobachtet: »Selbsternannte Vertraute, vornehmlich ältere, weibliche Verwandte, scheuen sich nicht, diskret nachzuforschen, ob es denn nicht klappe und wer denn eigentlich ›schuld‹ daran sei. Namhafte Ärzte werden genannt und todsichere Methoden verraten, damit ›es‹ endlich klappt.« In der Tat scheint es außerhalb des Vorstellungsbereiches vieler Menschen zu liegen, dass Zeitgenossen (vor allem Frauen) ohne akuten Kinderwunsch existieren. Oder dass die ständige Nachfragerei für Menschen, die keine Kinder bekommen können, unerträglich werden kann.

Programmierte Reaktionen. Wer aus der Reihe tanzt und von einer meist für selbstverständlich gehaltenen Norm abweicht, provoziert. Schon vor 15 Jahren stellte sich bei einer umfassenden Befragung von Kinderlosen heraus, dass ihnen – Frauen wie Männern – »Betroffenheit, Entsetzen, Neid und Aggressionen begegnen, manchmal auch Verständnis und Akzeptanz, meist von jedem etwas«.[2] Der Druck ist mittlerweile noch größer geworden, und vieles spricht dafür, dass die meisten Eltern und Kinderlosen offenbar doch auf zwei völlig unterschiedlichen Planeten leben, was die Beurteilung von einem Leben ohne eigene Kinder betrifft. Trotzdem ist der Wunsch nach Gleichmacherei auf Seiten der Empfängnis-PR-Strategen überwältigend. Es soll Supermarktkunden geben, die Bekannten zum Nachwuchs gratulieren, nachdem sie diese zwischen den Regalreihen beim Kauf von Rama oder Überraschungseiern beobachtet haben. »Und? Wie viele Kinder hast du?« gehört zu den am häufigsten gestellten Fragen bei Klassentreffen ab einem bestimmten Alter. Da blickt man schnell in peinlich-berührte Gesichter, wenn die Antwort »keine« lautet. Zudem gerät mancher Kinderlose in Erklärungsnot, wenn unter ehemaligen Schulkameraden eifrig verschwommene Ultraschallbilder und Fotos von grinsenden Zahnlückengesichtern herumgereicht oder launige Kindergarten-Anekdoten ausgetauscht werden. Nicht, dass wir etwas dagegen einzuwenden hätten. Wir freuen uns mit neuen Kleinfamiliengründern und gratulieren gerne. Allerdings wäre es angenehm, wenn sich Wiedersehensgespräche nicht vorrangig um Reproduktionsfragen oder -folgen drehen würden. Schon klar, unken nun die Skeptiker. Stattdessen unterhalten sich Kinderlose doch ohnehin viel lieber über ihre aufregenden Abenteuerreisen, exklusiven Kurztrips, teuren Markenklamotten und luxuriösen Lofts. Mag sein, dass es vereinzelt Leute dieses Zuschnitts gibt. Wir kennen sie jedenfalls nicht persönlich. Und plaudern im Anschluss an die zuverlässig aufkommenden Familienthemen gerne über Kultur, Gesellschaft, Politik. Oder einfach nur über das Wetter.

Dass für Kinderlose gelegentlich andere Regeln gelten, ist in vielen Firmen zu beobachten. Wenn Mamas und Papas mit Verweis auf ihre familiären Verpflichtungen morgens etwas später im Büro erscheinen (»Sie können sich ja gar nicht vorstellen, was bei uns daheim los war!«) oder abends pünktlich zum offiziellen Dienstschluss schlagartig alle Arbeiten einstellen und flugs ins traute Heim entschwinden (»Tut mir leid, aber ich kann Leon doch nicht so lange allein lassen!«), erwartet man von Kollegen ohne Nachwuchs Entgegenkommen. Sprich: Überstunden oder zumindest Mehrarbeit. Nach einem ungeschriebenen Gesetz können Kinderlose offenbar nie etwas so Wichtiges zu tun haben wie Eltern. Ihre Zeit scheint weniger wert zu sein, ihre Bedürfnisse nicht gleichwertig. Ungeliebte Dienstreisen bleiben ebenfalls nicht selten an denjenigen hängen, die keine kleinen Nestbewohner vorweisen können. Zögert man mit der Bereitschaft zur Übernahme ungeliebter Pflichten, wird schnell getuschelt: »Was ist denn mit der los? Kapiert sie nicht, was es bedeutet, Kinder zu haben? Hasst sie Kinder?« Damit wir uns nicht falsch verstehen: Selbstverständlich springen wir gerne ein, nehmen Rücksicht und zeigen Verständnis. Umgekehrt sollte dies jedoch auch funktionieren. Es irritiert in diesem Zusammenhang zudem, wie häufig behauptet wird, dass Kinderlose fortwährend von Familien profitierten und auf deren Kosten lebten. Die Realität sieht anders aus, worüber in diesem Buch noch häufiger zu berichten sein wird.

»Egal, für welches Lebensmodell sie sich entscheiden – irgendwo steht immer jemand, vor dem sie sich rechtfertigen müssen: der Ehemann, die Schwiegermutter, der Chef, die Kollegen – oder die liebe Freundin«, berichtet der *Stern* über die Situation kinderloser Frauen.[3] Besonders betroffen von der zweifelhaften Anteilnahme des sozialen Umfelds sind Singles ohne festen Partner. Sie ernten mitleidsvolle Blicke angesichts ihrer als bedenklich eingestuften Aussichten. Spätestens zwischen dem 35. und 40. Lebensjahr gibt es für viele Kinderlose ohnehin kein Entrinnen mehr. Bei der Arbeit, im Verein und selbstverständlich bei Familientreffen prasseln Fragen auf sie ein, vor denen sie sich ebenso wenig schützen können wie Spaziergänger vor einem Regenguss, der sie auf offenem Feld überrascht. Sogar manche jener Mütter und Väter, die in der K-Frage jahrelang bewundernswert zurückhaltend agiert haben, murmeln nun in Gegenwart der erhofften Neu-Erzeuger Sätze wie »Es wäre ja sooo schön, ein Enkelkind zu haben!«, »Ihr wärt tolle Eltern!« oder, etwas nachdenklicher, »Was haben wir nur falsch gemacht, dass ihr keine Kinder haben wollt?« Ehemals beste Freundinnen scheuen sich nicht, die vorgeblich bedrückende kinderlose Situation mit den Worten »Du bist aber jetzt auch nicht mehr die Jüngste. Beeil' dich mal!« oder »Wann klappt es denn endlich bei euch?« zu kommentieren. Beliebt sind auch Formulierungen wie »Wollt ihr es euch nicht noch einmal überlegen?«, »Du machst es dir aber ganz schön einfach. Das Leben ist nicht so einfach!« und »Was hält euch eigentlich davon ab?«. In einem Internet-Chatroom berichtet eine 38-jährige Frau von einem besonders unerfreulichen Vorstoß im Familienkreis: »Vor ein paar Jahren fragte mich meine Schwiegermutter allen Ernstes, wie sie es denn ihren Freundinnen und ihrem Friseur erklären solle, dass ich noch immer nicht schwanger bin. Das hat mich erstmal sprachlos gemacht.«

Was wollen Freunde, Verwandte, Kollegen und Bekannte damit erreichen? Wollen sie wirklich nur das Beste für uns? Oder doch eher für sich? Übersteigt die These, dass man auch ohne eigene Kinder gut leben kann, ihr Vorstellungsvermögen? Betrachten sie Kinderlosigkeit als einen minderwertigen Zustand und möchten uns davor bewahren? Oder wollen sie schlicht mehr Steuer- und Sozialversicherungszahler, weil ihnen um die öffentlichen Kassen und Sozialsysteme angst und bange ist? Pauschal sind diese Fragen nicht zu beantworten. Schließlich gibt es durchaus verständnisvolle Unterstützer und zurückhaltend Schweigende, die uns signalisieren, dass sie unsere Lebensform voll und ganz akzeptieren. Erstaunlicherweise begegnen Kinderlosen auch immer wieder Eltern, die den Kinderverzicht mit einem spontanen »Gut so! Tut euch das bloß nicht an!« befürworten. Die Mehrheit indessen scheint sich schwer damit zu tun, dass wir anders sind. Die gesellschaftlichen Konventionen (oder wahlweise: die als »natürlich« deklarierte Verpflichtung zu Zeugung und Geburtensteigerung), so wollen sie uns auf subtile Art und Weise samt entsprechender Fragestellung glauben machen, erlaubten keine Alternative zum Kinderkriegen. Die *Brigitte*-Redakteurin und Autorin Meike Dinklage erinnert in ihrem Buch *Der Zeugungsstreik* daran, dass die Fortpflanzung vor gar nicht allzu langer Zeit noch Privatsache war und Frauen, die keine Kinder hatten, als »irgendwie modern« galten. »Aber jetzt, da der Wohlstand in Gefahr scheint, wird der Ton schriller. Jetzt wird Stimmung gemacht. Jetzt heißt es nicht mehr nur Jung gegen Alt, sondern jeder gegen jeden. Und das schließt Kinderlose gegen Eltern mit ein und Familien gegen Singles. Jetzt fragen die Menschen sich bei einer kinderlosen Frau, was da wohl los ist. Sie wollen meine Gründe hören, ich soll mich rechtfertigen. Manche fragen freundlich, andere intervenierend, wieder andere werden missionarisch.«[4] Dass diese Methoden irgendwann auch den nachsichtigsten und tolerantesten Kinderlosen auf die Nerven gehen, ist nachvollziehbar. In Kanada gründeten bereits 1984 einige Kinderlose den Verein »No Kidding!«, wohl auch, um gelegentlich unter Gleichgesinnten den geschilderten Sprüchen eigene Erfahrungen entgegenzusetzen. Ergänzend sei hinzugefügt, dass sich nicht nur Frauen dem Druck aus dem sozialen Umfeld ausgeliefert fühlen. Umfragen zeigen, dass man im Allgemeinen gegenüber (noch) kinderlosen Männern mehr Verständnis zeigt (nicht zuletzt, da man sie sich unabhängig von ihren wahren Charaktereigenschaften seltsamerweise immer als kompetente, alte Väter vorzustellen vermag). Vor ungebetenen Sprüchen wie »Kopf hoch, das wird schon!«, »Du hast ja noch Zeit!«, »Mach dir deswegen doch jetzt keine Gedanken!« oder »Es kann ja immer noch irgendwann so weit sein« schützt sie dies jedoch nicht. Im Gegenteil. Was wir gegen solche aufmunternden Worte einzuwenden haben? Nun, wir haben nicht darum gebeten. Zudem wäre es angenehm, wenn sie nicht so häufig darauf hindeuten würden, dass in der Vorstellung ihrer Urheber kein Platz für ein bewusst gewähltes oder durch bestimmte Umstände erzwungenes kinderloses Leben ist.

Die Vielfalt der Lebensentwürfe

KINDERLOSIGKEIT HAT NICHTS MIT KONSUM- UND KARRIERE-
DENKEN ZU TUN • DIE LEBENSMODELLE ENTFERNEN SICH VOM
TRADITIONELLEN FAMILIENBILD • ELTERNSCHAFT BEDEUTET
KEINESFALLS AUTOMATISCH GLÜCK • REPRODUKTION BASIERT
OFT AUF FALSCHEN HOFFNUNGEN

Kinder oder Karriere? Kinderwagen oder Kaviar? Auf diese
simplen Fragen scheint sich nach Ansicht unserer Kritiker
die Entscheidung für einen bestimmten Lebensentwurf zu
reduzieren. Wer dem »Projekt Baby« skeptisch gegenüber-
steht, so mutmaßen sie, sei von Anfang an ausschließlich
an einem ichbezogenen Leben in Saus und Braus interes-
siert. Und das sei verantwortungslos. Möglicherweise lässt
sich eine übertriebene Ego-Einstellung tatsächlich am besten mit dem Begriff der Verantwortungslosigkeit beschreiben. Nur: Sie trifft auf die meisten Kinderlosen nicht
zu. Vielmehr existiert eine Vielzahl von Lebensentwürfen
ohne Kinder, in denen die Aussicht auf Shopping ohne
Limit in den wenigsten Fällen die Hauptrolle spielt. »Die
Lebensplanung wird gerne als rationales Abwägen von
Kosten und Nutzen modelliert. Dabei wird allerdings vernachlässigt, dass heute hoch individualisierte Vorstellungen von der gewünschten Lebensqualität bestehen, so dass
sich Kosten-Nutzen-Erwägungen keineswegs auf eine finanzielle Kalkulation beschränken«, meint die Soziologin
Dr. Waltraud Cornelißen.[1] Der Mangel an geeigneten Partnern hat beispielsweise einen weitaus wichtigeren Einfluss

auf kinderlose Lebensformen als der Wunsch nach prall gefüllten Bankkonten oder aufwändigen Auslandsurlauben. Befragungen zeigen zudem: »Freiheit und Unabhängigkeit sind Vokabeln, die bei der Beschreibung von jetzigen und zukünftigen Lebenssituationen von Kinderlosen häufig fallen. Zukunftsträume und -utopien sind in vielfältiger Weise vorhanden.«[2] Die Psychologin Christine Carl hat ebenfalls festgestellt: »Frauen und Männer, die sich für ein Leben ohne Kinder entscheiden, haben im Vergleich zu Eltern einen stärkeren Wunsch nach Unabhängigkeit und eine stark ausgeprägte Erwerbs- und Berufsorientierung.«[3]

Trotz der allseits akzeptierten Pluralität von Lebensformen nehmen wir Kinderlosen, gemessen an der Normalfamilie, eine Sonderstellung ein und werden dementsprechend häufig mit Argwohn betrachtet. Das Streben nach Glück, Erfüllung sowie Selbstbestimmung und -verwirklichung billigt man Eltern zu, uns hingegen hält man einen solchen Lebensentwurf oft vor. Tatsache ist: Viele von uns haben ähnliche Erwartungen an das eigene Leben wie Mütter und Väter, auch ähnliche Ziele. Allerdings brauchen wir nicht zwangsläufig ein eigenes Kind, über das wir uns definieren, oder die elterliche Rolle für das eigene Selbstverständnis. Brutpflege ist eben doch nicht alles im Leben. Was für Traditionalisten offenbar schwer nachzuvollziehen ist.

Das Missverständnis beginnt meist schon beim bloßen Gedanken an ein Gegenmodell zur herkömmlichen Lebens- und Familienplanung. Gibt es überhaupt Alternativen? Es gibt sie. Millionen Menschen können sich durchaus ein glückliches, abwechslungsreiches und erfülltes Leben vorstellen, ohne dabei sofort und ausschließlich an eigene Kinder zu denken. Millionen leben dieses Leben bereits. Während jedoch die Frage »Warum habt ihr eigentlich keine Kinder?« nicht unüblich ist, fragt kaum jemand nach: »Und ihr? Warum *habt* ihr Kinder?« Mit genereller Kinderfeindlichkeit hat dies so wenig zu tun wie Schläge mit liebevoller Erziehung. Ohnehin wird kaum jemand lediglich aus einer Laune heraus eine so lebensentscheidende Wahl treffen: Der Verzicht auf eigene Kinder ist fast immer das Ergebnis eines Zusammenwirkens verschiedenster Motive, Erfahrungen und Ambitionen. Im Übrigen: Dass es vielen Personen, die ständig die Kinder-Karte ausspielen und auf Nachwuchs drängen, nicht wirklich um »das Wohl der Kinder«, »die Zukunft unseres Landes« oder »das Normalste auf der Welt« geht, zeigt sich nicht zuletzt daran, dass Kinderreiche mindestens ebenso kritisch beäugt werden wie wir. Erwünscht ist die Normfamilie im 08/15-Format, sonst nichts. Lebensentwürfe ohne oder mit mehr als drei Sprösslingen sind vielen Menschen einfach suspekt.

»Kinder kriegen die Leute sowieso!«, davon war Konrad Adenauer 1956 überzeugt. Er hat sich gewaltig getäuscht. Kein Wunder. Denn damals, im »Goldenen Zeitalter der Familie« (dem Frank Schirrmacher und andere Geburtenalarmisten zahlreiche Tränen hinterherweinen), das bis in die späten 60er Jahre anhielt, zerbrachen sich junge Paare nicht lange den Kopf. Sie taten einfach, was man von ihnen erwartete. Zum Vater-Mutter-Kind-Modell schien es keine ernsthaft zu erwägende Option zu geben, die Anti-Baby-Pille stand erst am Beginn ihres Siegeszuges, der Wunsch nach mehr Freiheit und Selbstbestimmung war längst nicht so stark ausgeprägt wie heute. Also wurde fleißig gezeugt und gebärt, Sex bedeutete oft automatisch Fortpflanzung. Das ist rückblickend keinesfalls zu verurteilen (schon allein deswegen nicht, weil wir diesem Umstand unser Leben zu verdanken haben), doch die Zeiten haben sich geändert. »Den Deutschen fehlt der Wunsch zum Kind«, titelte die *Süddeutsche Zeitung* bereits im Mai 2005 und berief sich auf eine Studie des Bundesinstituts für Bevölkerungsforschung. Das Ergebnis: Unter jungen Erwachsenen wollen ein Viertel der Männer und 15 Prozent der Frauen kinderlos bleiben. Die Verfasser der Erhebung sprechen vom »Ideal der freiwilligen Kinderlosigkeit«, das sich mittlerweile ausgebreitet habe. Das lässt zunächst einmal Schlimmes befürchten, bedeutet jedoch noch lange nicht einen gesamtgesellschaftlichen Abschied von der Institution Familie. Im Oktober 2007 veröffentlichte die EU-Kommisson das Ergebnis einer Umfrage, der zufolge der Kinderwunsch der Deutschen in den vergangenen Jahren deutlich gestiegen ist. Angeblich wünschen sich deutsche Frauen und Männer durchschnittlich 2,2 Kinder. Kleiner Schönheitsfehler: Die Befragung richtete sich nahezu ausschließlich an Menschen, die schon Kinder hatten; Kinderlose waren bei der Befragung unterrepräsentiert.

Welche konkreten Gründe letztlich zur Kinderlosigkeit führen, ist detailliert im Kapitel »Gute Gründe für ein Tabu« ab Seite 49 nachzulesen.

Sichtweisen und Lebensträume unterscheiden sich glücklicherweise. Außerdem unterliegen sie einem Wandel. Nicht jeder hat einen ausgeprägten Kinderwunsch, der schnellstmöglich verwirklicht werden muss. Nicht jede Frau träumt davon, eine Super-Mami (und spätere Vielenkel-Oma) zu werden. Nicht jeder Mann fühlt sich dazu aufgerufen, einen Nachfahren zu zeugen oder möglichst viele Frauen mit dem eigenen Erbgut zu beglücken. Nicht alle Menschen meinen, ihrem Stammbaum verpflichtet zu sein. Nicht jeder gerät automatisch in Verzückung, sobald irgendwo Babyaugen strahlen, löffelweise Brei verabreicht wird oder ein kleinkindliches Bäuerchen zu vernehmen ist. Der Gedanke an Stilleinlagen und Sterilisiergeräte verursacht manchen Frauen Kopfschmerzen. Viele Männer, die als Handymaniacs und Technikfreaks gelten, können den zweifelsohne vorhandenen Raffinessen eines Babyfons nichts abgewinnen. Die Reichweitentauglichkeit oder Empfangsqualität von Baby Care 2, REV DBS 1850 oder Babywatch Fun 100 lassen sie schlicht kalt. Sind sie deswegen herzlose Hedonisten? Wohl kaum. Das Lebensmodell »Familie mit Nachwuchs« ist eine Option von vielen, eine, die sich die meisten Kinderlosen durchaus vorzustellen vermögen, aber eben auch eine, die nicht sogleich in die Tat umgesetzt werden muss. Individuelle Herausforderungen, berufliche Weichenstellungen oder schlicht biologische Tatsachen spielen bei der K-Frage eine Rolle. »Ich habe mich an keinem Punkt meines Lebens gegen Kinder entschieden. Ich habe mich nur nie dafür entschieden. Das ist nicht dasselbe«, schreibt die Germanistin und Autorin Claudia Rusch in einem Artikel für das Magazin *Chrismon*.[4] Genau besehen, so ergänzt sie, entspräche ihr viel gescholtenes Singledasein keinem egoistischen Lebensstil, sondern nur der »Warteschleife des Lebens«. Vielleicht, so die Hoffnung vieler Kinderloser, kommt er ja noch. Der passende Partner oder der passende Zeitpunkt. Dass die Rahmenbedingungen im eigenen Leben »passen« sollen, ist eine legitime Vorgabe. Folglich muss es auch keine persönliche Katastrophe sein, wenn die Lebensentwürfe heutzutage nicht zwingend an die Formel »Mein Ehepartner, meine Kinder, mein Eigenheim« gebunden sind. In einer Studie des Bundesinstituts für Bevölkerungsforschung heißt es: »Weder Männer noch Frauen sehen Kinder heute als unerlässlich für ein erfülltes Leben an. Die vorliegende Untersuchung zeigt: Kinder sind zu einem Wert unter vielen geworden, der das Leben mit Sinn erfüllen kann. Das muss nicht heißen, dass Kinder unwichtig sind, ihnen wird aber auch keine Sonderrolle in der eigenen Lebensplanung mehr eingeräumt.«

Es gibt natürlich auch sie: die gewollt Kinderlosen, die nichts vermissen und nichts bereuen. Studien beziffern ihren Anteil auf etwa sieben bis zehn Prozent, immerhin knapp eine Million Deutsche. »Nie, nicht eine Minute lang, wollte ich selbst Kinder haben. Und nicht eine Minute habe ich das bereut«, schreibt etwa Wolfgang Röhl im *Stern*. Er zählt zu den Menschen, die sich früher als andere und ganz bewusst für eine Lebensplanung ohne Nachwuchs entschieden haben. Denen die Vorstellung, Teil einer harmonischen Vorzeigefamilie mit wohlerzogenen Kindern, gepflegtem Reihenhaus und repräsentativer Familienkutsche zu sein, einen Schreck einjagt. Die sich nicht eine Sekunde lang als Bewahrer der eigenen Nation verpflichtet fühlen. Die oft mit aktiven Lebensplänen auf die von anderen Menschen als Lücke oder Leere empfundene Kinderlosigkeit reagieren. Verstärktes Engagement in Beruf und Partnerschaft, ehrenamtliche, kreative und politische Tätigkeiten, (Weiter-)Bildung etc. – die Möglichkeiten sind unbegrenzt und werden von Kinderlosen rege genutzt.

»Ich möchte unbedingt mal eigene Kinder haben!«: Bereits unter Kindern und Jugendlichen gibt es viele, denen dieser Spruch nie über die Lippen kommt – lange bevor Bankkonto oder Karriere überhaupt eine Rolle spielen. Ja, es stimmt: Nachwuchs kommt für einen (eher kleineren) Teil der Kinderlosen grundsätzlich nicht in Frage. Na und? Aus dieser Einstellung lässt sich nicht pauschal ablesen, welchen Wert eine bestimmte Person für seine Mitmenschen hat. Wer (noch) keine Sehnsucht nach einem Baby hat, muss sich nicht schämen. Es kann jedenfalls nicht sein, dass man sich in einer freien Gesellschaft für seinen individuellen Lebensentwurf rechtfertigen muss. Es sei denn, man fügt anderen nachweislich Schaden zu. Dies ist im Falle von Kinderlosen nicht der Fall. Individualismus bedeutet nicht Egoismus. Wir sind genauso wichtig oder überflüssig, gut oder schlecht für die Gesellschaft wie Mütter oder Väter. Entscheidend ist jedenfalls nicht der Familienstand. Im Geburten-Getöse geht ohnehin unter, dass die nachlassende Zeugungs- und Gebärfreudigkeit der vergangenen Jahrzehnte auch durchaus positive Aspekte haben kann. Beispiel Umwelt: »Eine Verringerung der Bevölkerungsdichte gerade in hochentwickelten Staaten kann einen höheren Gesamtentlastungseffekt erzielen«, meint Ernst Böckler, Landesbeirat des Bund Naturschutz in Bayern.[5] Die britische Stiftung *Optimum Population* warnt sogar ausdrücklich vor Nachwuchs, denn jede neue Geburt in Wohlstandsstaaten verursache einen Umweltschaden, der 160-mal schlimmer sei als der, den eine Geburt in Äthiopien nach sich ziehe. Doch es geht nicht nur um vorteilhafte Auswirkungen auf die Natur – vergessen wird auch gerne die positive Veränderung der Geschlechterrollen. »Aus der ›alten Jungfer‹ von einst ist längst die emanzipierte Frau geworden, die den Regeln des Patriarchats einen eigenen Lebensentwurf entgegensetzt, abseits der Mutterrolle«, schreibt Evelyn Vogel in der *Süddeutschen Zeitung*. Dass zu einem verantwortungsvollen Leben mehr (oder vielleicht sogar weniger) gehört, als für Nachkommen zu sorgen, beschreiben wir ausführlich im Kapitel »Prädikat: Gesellschaftlich wertvoll« ab Seite 89.

Direkter Weg ins Unglück? Eine Lebensplanung ohne eigene Kinder, so heißt es immer wieder, führe unweigerlich zu einem einsamen, verbitterten Dasein ohne echte Freude. Es empfiehlt sich, dieser Behauptung keinen Glauben zu schenken. In einer Studie der Universitäten Jena und Freiburg/Breisgau heißt es beispielsweise: »Kinderlose Paare sind genauso glücklich und sozial eingebunden, sie sind nicht kränker oder gesünder, haben nicht mehr psychosomatische Störungen, depressive Verstimmungen oder andere Erkrankungen als andere.« Fazit der daran beteiligten Psychologen: »Das Vorurteil, dass Kindersegen zum Lebensglück dazugehört, ist falsch.«[6] Was wir aus eigener Erfahrung gerne bestätigen. Selbstverständlich bietet der Alltag als Kinderlose keine Glücksgarantie – ebenso wenig wie dies eine Elternschaft per se ermöglicht (was in der aktuellen Debatte gerne übersehen wird). Und der weit verbreitete Glaube, dass Kinderlosigkeit vor allem im Alter zu Einsamkeit führt, wird durch eine Studie der Universität von Florida aus dem Jahr 2003 widerlegt. Das Ergebnis der Befragung von 3800 Frauen und Männern im Alter von 50 bis 84 Jahren zeigt, dass sich ältere Kinderlose und Eltern in ihrem Wohlbefinden auf einem ähnlichen Level befinden. Einer der Gründe, so die Forscher, sei die Fähigkeit eines

Teils der Kinderlosen, bewusst Beziehungen zu Freunden, Kollegen und jungen Leuten zu pflegen, die zu einer Art Ersatz für das führten, was ihnen eigene Kinder gegeben hätten. »Der Unterschied des Glücks zwischen alten Menschen mit und ohne Kinder schwindet oft, wenn sie nebeneinander in demselben Heim untergebracht und von demselben bezahlten Pflegepersonal betreut werden. Ja, es kann sogar sein, dass die Kinderlosen öfter Besuch und Zuwendung von außen bekommen, sofern sie entsprechend vorgesorgt haben«, schreibt der Soziologe und Volkswirtschaftler Karl Otto Hondrich.[7] Dabei wird deutlich: Wer im Themenfeld »Lebensentwürfe und ihre Auswirkungen auf das individuelle Glücksgefühl und die persönliche Zufriedenheit« ausgiebig und tief gräbt, stößt bisweilen auf überraschende Erkenntnisse.

Laut einer Umfrage des Instituts für Demoskopie Allensbach gehören zwar Glück und Familie für die Mehrheit der Bevölkerung noch immer zusammen. Doch 61 Prozent der Befragten bezweifeln zugleich, dass junge Familiengründer glücklicher sind als ihre Altersgenossen in anderen Lebensformen.[8] Und der renommierte Harvard-Professor und Psychologe Daniel Gilbert, der selbst drei Kinder hat, nimmt uns die letzten möglichen Zweifel an unserem Lebensentwurf, indem er allen Ernstes behauptet: »Kinder zu haben hat einen negativen Effekt auf das tägliche Glücksempfinden.«[9] Wer will da noch am Sinn seiner Kinderlosigkeit zweifeln? Aber im Ernst: In seinem empfehlenswerten Buch *Ins Glück stolpern* beschreibt Gilbert das traditionelle Spiel der Übertragung von Vorstellungen und Überzeugungen, das zur Folge hat, Kinder automatisch mit Lebensglück in Verbindung zu bringen. »Wenn wir an unseren

Nachwuchs denken, dann kommen uns gewöhnlich Bilder in den Sinn von gurrenden Babys, die uns aus ihrer Wiege anlächeln; reizenden kleinen Kerlen, die freudig über den Rasen laufen; stattlichen Jungen und wunderschönen Mädchen, die im Musikverein Trompete und Tuba spielen; erfolgreichen College-Absolventen, die wunderbare Hochzeiten feiern und erfüllte Karrieren anstreben werden; sowie tadellosen Enkeln, deren Zuneigung sich mit Süßigkeiten erkaufen lässt«, so der Psychiater. Dass die Realität oft anders aussehe, spiele keine Rolle. Denn der Glaube, Kinder seien eine Quelle von Glück, werde Teil unserer kulturellen Weisheit, weil die gegenteilige Überzeugung die Gesellschaft auflösen würde. Eine provokante These, gleichzeitig aber auch eine ganz und gar einleuchtende Beschreibung. Unsere Hochachtung, Mr. Gilbert! Seine wohl nur schwer zu widerlegenden Erkenntnisse sind ein Grund mehr für uns, das Lebensmodell »Familie mit Kind(ern)« zumindest nicht als einzig gültige (und vor allem: als allein glückselig machende) Form des Daseins übernehmen zu müssen. Die Journalistin und mehrfache Mutter Julia Karnick bringt es auf den Punkt: »Die Glücksforschung liefert den Gebär-Aposteln keine Argumente, mit denen sie Kinderlose zur Elternschaft bekehren könnten. Ein Kind steigert das Glücksempfinden der Eltern nur in den ersten zwei Jahren nach der Geburt, danach lässt sich kein positiver Effekt mehr nachweisen.«[10] Mit der Glückskurve gehe es erst wieder bergauf, wenn die Kinder aus dem Haus seien. Schön, dass dies einmal so offen von kompetenter Seite bestätigt wird. Wäre diese Behauptung ohne entsprechende Beweise von Kinderlosen aufgestellt worden, hätte es vermutlich heftige Widerworte gegeben.

Reproduktionszwang ade. Menschen ohne ausgeprägtes Fortpflanzungsgen haben ein Recht darauf, ihren eigenen Weg zu gehen. Alternativen auszuprobieren. Für ihre Ziele auf traditionelle Rollen- und Familienbilder zu verzichten. Ein Recht darauf, Wickeltische weiträumig zu umgehen und sich nicht über Babypausen oder Taschengeldentzug den Kopf zerbrechen zu müssen. Nicht nur, aber auch, weil die konventionelle Vorgabe vielen Kinderlosen nicht allzu verheißungsvoll erscheint. Heile-Welt-Familien sind überwiegend in der Werbung zu finden. »Es gibt keine Garantie dafür, dass Kinder Vater und Mutter all die investierte Zeit, Liebe und natürlich auch das Geld eines Tages vergelten werden – in welcher Form auch immer. Grundsätzlich sollte jede Frau sich vor falschen Hoffnungen im Hinblick auf Kinder hüten, da der Frust am Ende häufig groß ist. Das liegt nicht an den Kindern, sondern an falschen Erwartungen«, schreibt Regine Schneider in ihrem Buch *7 Gründe keine Kinder zu kriegen*. Die Autorin nennt Beispiele: Der Irrglaube, Kinder hielten grundsätzlich jung und befruchteten eine Partnerschaft. Der Wunsch, durch ein Kind ließe sich eine schlechte Beziehung kitten. Die Annahme, dass jede Frau automatisch früher oder später in die Mutterrolle hineinwachse, bis hin zur Hoffnung, beide Partner teilten alle anfallenden Arbeiten und ermöglichten somit der Frau, Kind und Karriere leicht zu vereinbaren. Schneider fasst zusammen: »Wer nur gibt, in der Hoffnung, eines Tages etwas zurückzubekommen, wird zweifelsohne leer ausgehen.«[11] Kein Kinderloser wünscht dies Eltern. Die Blauäugigkeit, mit der sich manche Frauen und Männer für das Lebensmodell mit Nachkommen entscheiden (und im Laufe der Jahre möglicherweise ernüchtert erkennen, worauf sie sich eingelassen haben), erstaunt jedoch. Auch die Autorin Thea Dorn wundert sich über das Wunschdenken mancher potentieller Eltern. Sie notiert: »Die Hoffnung einer Frau, durch Mutterschaft erwachsen zu werden, ist irrig. Die Hoffnung des Mannes, endlich im Leben anzukommen, indem er ein Kind zeugt, ist absurd. Noch keiner hat allein dadurch, dass er seinen Samen in einer Frau abgeladen hat, gelernt, Verantwortung zu übernehmen.«[12] Das ist wohl wahr. Und stimmt, wie wir durchaus wissen, mit der Einstellung nicht jeder Mutter und jedes Vaters überein. Auch die Elterngruppe ist extrem heterogen. Um Fehlinterpretationen vorzubeugen: Wir halten unsere Kinderlosigkeit keineswegs für eine generell bessere Alternative zur Mama-Papa-Kind-Variante. Aber eben auch nicht für die schlechtere.

Gute Gründe für ein Tabu

Der Schein trügt. Oberflächlich betrachtet lässt sich die Gruppe der Kinderlosen zunächst einmal relativ einfach in zwei Kategorien unterteilen. In diejenigen, die gewollt, und diejenigen, die ungewollt ohne Nachwuchs bleiben. Doch was bedeutet »gewollt« oder »ungewollt«? Welche Erfahrungen und Entscheidungen stecken hinter den abstrakten Begriffen? Nichts wäre unangemessener, als sich darauf zu beschränken, einerseits von sich bewusst gegen eigene Kinder positionierenden und andererseits von vom Pech verfolgten Menschen mit unerfülltem Kinderwunsch zu sprechen. Diese Unterteilung ist zu simpel, um der Vielschichtigkeit des Themas (und der Heterogenität innerhalb der Gruppe der Kinderlosen) gerecht zu werden. Kinderlosigkeit hat viele Gesichter. Und vor allem: Kinderlosigkeit hat viele Ursachen. Fragt man diejenigen, die ohne Nachwuchs leben, nach ihren Gründen, erhält man unterschiedlichste Antworten: Partnermangel, Berufszwänge, Unfruchtbarkeit, Geldprobleme, Zukunftsangst, Negativerfahrungen, Homosexualität, Entscheidungshemmungen sind nur einige davon. Manche von uns thematisieren mögliche Bedenken bewusst nicht und betonen, wie wohl sie sich als Kinderlose fühlen. Eine Einstellung, die nicht selten zu Irritationen führt. »Dass Kinderlosigkeit per se, wie auch ihre möglichen Ursachen, überhaupt etwas Positives sein könnte, ist dem Denken unserer gegenwärtigen Gesellschaft völlig fremd«, notieren die Autorinnen des Buches *Lebensplanung ohne Kinder*.[1] Grundsätzlich ist festzustellen: Nach Jahren des Nachdenkens oder Abwägens von Pro und Contra kommen viele Kinderlose zu dem Schluss: »Kinder sind etwas Wunderbares – solange es nicht die eigenen sind!« Es soll zudem Menschen geben, die sich einfach nicht für die Idealbesetzung halten, wenn es um den Job als Mutter oder Vater geht. Doch diese Einstellungen gleichen nur Momentaufnahmen. Es lohnt sich, genauer hinzusehen.

In den vergangenen Jahren sind diverse Studien zur Kinderlosigkeit in Auftrag gegeben worden. Endlich, ist man geneigt hinzuzufügen. Denn noch Ende der 90er Jahre war die Datenlage ziemlich dünn. Zwar unterscheiden sich die neuen wissenschaftlichen Erfahrungswerte in Teilbereichen erheblich, doch kristallisieren sich drei Hauptgründe für eine bewusste Entscheidung gegen ein Leben mit Kindern heraus. In einer Forsa-Studie gaben 44 Prozent der Befragten als Grund für ihre Kinderlosigkeit einen fehlenden oder ungeeigneten Partner an. »Um Kinder zu haben, benötige ich einen sicheren Arbeitsplatz«, behaupteten laut Robert-Bosch-Stiftung 57 Prozent der interviewten Kinderlosen. Und in der von *Stern*, McKinsey, ZDF und AOL organisierten Online-Umfrage »Perspektive Deutschland« sprachen sich 63 Prozent der Befragten für ein Leben ohne Nachwuchs aus, »weil Kinder viel Geld kosten und ich mir das nicht leisten kann«. Fassen wir zusammen: Vor allem das Fehlen eines geeigneten Lebenspartners, Sorge um eine gesicherte berufliche Existenz, Bedenken in Bezug auf die Ausgaben für ein Kind, aber auch die Zufriedenheit mit einem Leben ohne Kinder – dies sind die von den Befragten fast aller Studien mehrheitlich genannten Ursachen für die Unlust auf ein Leben nach traditionellem Muster.

Bevor wir im Einzelnen auf die verschiedenen Aspekte eingehen, noch einige Daten zu der zweiten großen Gruppe von Kinderlosen: jenen, die aus medizinisch-biologischen Gründen »ungewollt« ohne Nachwuchs bleiben. Die Kassenärztliche Bundesvereinigung vermutet, dass sich bei 15 bis 25 Prozent aller Paare mit akutem Kinderwunsch keine Schwangerschaft einstellt. In absoluten Zahlen sind dies nach Schätzungen des Deutschen Grünen Kreuzes 1,5 Millionen Paare, wohingegen die *Neue Initiative Kinderwunsch* von rund 2 Millionen Paaren ausgeht, die Probleme bei der Empfängnis haben. Das Allensbacher Institut für Demoskopie spricht von 1,4 Millionen Frauen und Männern, die aus medizinischen Gründen keine Kinder bekommen. Ein Teil dieser Menschen entscheidet sich mit Erfolg für moderne Behandlungsmethoden oder eine Adoption – doch die Mehrheit dieser unfreiwillig Kinderlosen bleibt ohne Nachkommen.

»Generell kann zwischen jenen unterschieden werden, die eine Elternschaft ablehnen, und denen, die sie fortwährend aufschieben«, meinen die Experten des Deutschen Instituts für Wirtschaftsforschung und ergänzen: »Individuen wie Paare entscheiden sich aber nur in den seltensten Fällen klar gegen ein Kind. Vielmehr gilt: Dauerhaft kinderlos bleibt vor allem, wer die Auseinandersetzung mit der Kinderfrage immer weiter aufschiebt – bis sie sich erübrigt.«[2] Ähnlich beurteilt dies die Gießener Familienwissenschaftlerin Uta Meier: »Aus temporär gewollter Kinderlosigkeit wird endgültige, ungewollte Kinderlosigkeit.«[3] Der Entscheidung liegt demnach in den meisten Fällen nicht ein einzelnes Motiv oder ein singuläres Ereignis zugrunde. Kinderlosigkeit entsteht fast immer aus einem Prozess und ist nicht nur auf eine bestimmte Ursache zurückzuführen. »Entscheidungsverlauf« nennen Fachleute diese Entwicklung, an deren Ende die dauerhafte Kinderlosigkeit steht.

Tatsächlich ist die K-Frage heutzutage weder schnell noch einfach zu beantworten. Beziehungen scheitern daran, Ehen zerbrechen. Die meisten Kinderlosen sind zumindest eine Zeitlang hin- und hergerissen zwischen Wunschvorstellungen, Ansprüchen, Ängsten, Rollenbildern, Erfahrungswerten, Überzeugungen und Vorurteilen. In Partnerschaften entwickelt sich die Thematik entweder zum Diskussionsthema Nummer eins oder wird bewusst verdrängt. Nach Angaben der Bundeszentrale für gesundheitliche Aufklärung (BZfgA) macht in der Regel kaum jemand die Kinderfrage mit sich allein aus. »In der deutlichen Mehrzahl der Fälle findet in den Beziehungen eine Diskussion über die Kinderfrage statt«, heißt es in einer BZfgA-Studie. 77 Prozent der Kinderlosen mit Hochschulabschluss, die einen Partner haben, debattierten darüber. Mit der Folge, dass immer häufiger die Entscheidung für einen Verzicht auf eigene Kinder gefällt wird: Bereits 26 Prozent der 35- bis 44-jährigen Frauen und 40- bis 49-jährigen Männer haben keine Kinder, ist in derselben Studie nachzulesen. Wird das Kinderkriegen demnach gerade zu zerredet, auch in der öffentlichen Debatte? Zu vermuten ist zumindest ein gewisser Einfluss. Allerdings bestätigen Experten, dass sich in Gesellschaftsschichten mit niedrigeren Bildungsabschlüssen das Gegenteil beobachten lässt: Weniger Gespräche, mehr Fortpflanzung. Während die einen grübeln, beraten und aufschieben, schaffen die anderen lebendige Tatsachen.

Kein Partner, kein Kind. Viele Kinderlose sehen den Hauptgrund für ihre aktuelle Situation in einer nicht vorhandenen Beziehung oder in der Weigerung eines Partners, sich auf Kinder einzulassen. Die TV-Producerin Nadine von Freytag Löringhoff, 44, outete sich im Magazin *Stern* als ungewollt Kinderlose: »Es war mein Traum, eine Familie zu gründen. Heiraten und einen Sack voll Kinder. Doch ich habe nicht den richtigen Mann gefunden. So muss ich nicht nur mit meinem unerfüllten Kinderwunsch fertig werden. Nein, als Frau muss man sich noch dafür entschuldigen, wenn man keine Kinder hat. Nach den Gründen fragt niemand.«[4] Kein Einzelfall, wie die BZfgA feststellt: »Wer verheiratet ist oder war, für den sind Kinder die Regel, bei Ledigen ist es die Ausnahme. Nur 29 Prozent der ledigen Frauen und 13 Prozent der ledigen Männer haben Kinder.« Umgekehrt betrachtet sind 58 Prozent der kinderlosen Frauen und 55 Prozent der kinderlosen Männer ledig. Zahlen, die auch zu den Daten des Statistischen Landesamtes Baden-Württemberg passen. Danach waren oder sind 60 Prozent der kinderlosen 35- bis 40-jährigen Frauen nicht verheiratet. Statistisch berücksichtigt wird zwar nicht, wer unverheiratet mit einem Partner zusammenlebt, doch der Trend zeigt eindeutig: Menschen ohne feste Bindung sind wesentlich häufiger kinderlos als jene, die in einer Partnerschaft leben. Erkenntnisse, die kaum verwundern. Dazu passt der Vorwurf, der vor allem von Vertretern vorheriger Generationen ertönt, dass die jungen Leute heute zunehmend bindungsunfähig und zu wenig kompromissbereit seien. Eine Partnerschaft sei nun einmal keine Wunschveranstaltung. Tatsache ist: Früher wurde viel schneller geheiratet. Im Alter von 30 Jahren hatten fast 70 Prozent unserer Eltern den Gang zum Standesamt bereits hinter sich, heute sind es nur noch etwa 16 Prozent der 30-Jährigen. Zudem sind die Scheidungsraten höher, es gibt mehr Singles. Wurden in den 70er Jahren rund 15 von 100 Ehen in (West-)Deutschland geschieden, waren es zu Beginn der 90er Jahre mit 30 von 100 schon doppelt so viele. Mittlerweile überschreitet der Anteil teilweise die 40-Prozent-Marke. Aufgrund dieser Umstände wird bei Kinderlosen schnell eine mangelnde Bereitschaft diagnostiziert, auf die Bedürfnisse anderer einzugehen. Vorschnell, wie der NEON-Autor Tobias Kniebe meint: »Das hat mit Beziehungsunfähigkeit und -unlust wenig zu tun, im Gegenteil – es geht um ein Ideal, das wir hochhalten wollen. Früher wurden mehr Kinder geboren, stimmt. Aber die Lieblosigkeit, die emotionale Kälte, die verpfuschten Leben, die für diese Art der Beständigkeit als Preis bezahlt wurden – sie tauchen in keiner Statistik auf.«[5]

Umfragen zeigen: Mehr als vier Fünftel der heute 30-Jährigen wünschen sich eine lebenslange Beziehung mit einem Partner, den sie lieben. Doch Beständigkeit allein ist vielen von uns als alleiniger Wert zu wenig. Qualität sollte die Partnerschaft schon auch aufweisen. Ist dieser Anspruch zu verurteilen? Wir meinen: Nein.

Bildung und Beruf wirken als Verhütungsmittel. Wenn Kinderlose auf die Frage nach der Ursache für ihr derzeitiges Lebensmodell als Antwort »berufliche Gründe« oder »befürchtete finanzielle Einbußen« angeben, bemängeln Kritiker das übereilt als Karrierefixierung und Konsumorientierung. »Wir brauchen ein anderes Verhältnis zu Ehe, Familie und vor allem zu Kindern, als es das inzwischen eingeschliffene Muster des konsumorientierten Individualismus geprägt hat«, behauptet etwa der Bundesverfassungsrichter Udo Di Fabio.[6] Simple Selbstverwirklichung und gierige Genussorientierung führen jedoch nur in Ausnahmefällen zur Anti-Fortpflanzungshaltung. Viel wahrscheinlicher ist, dass gesellschaftliche Realitäten Auswirkungen haben. Schließlich meint sogar Bundesfamilienministerin Ursula von der Leyen, dass Kinderlosigkeit fast zur Voraussetzung für Erfolg im Beruf geworden ist.[7] Auch die Ergebnisse einer Studie des Bundesfamilienministeriums aus dem Jahr 2003 machen nicht unbedingt Lust aufs Kinderkriegen. Professor Bernd Rürup moniert darin: »Trotz im EU-Vergleich hoher staatlicher Ausgaben sind Kinder in Deutschland ein Armutsrisiko.« Der ehemalige Präsident des Caritasverbandes, Hellmut Puschmann, formuliert es noch drastischer: »Es gibt viele Methoden, sich dauerhaft zu ruinieren. Eine der erfolgversprechendsten in Deutschland ist die Gründung einer mehrköpfigen Familie.«[8] Nimmt man diese Äußerungen der eher nicht dem Lager der Kinderlos-Sympathisanten zuzurechnenden Personen als Maßstab, verwundert es kaum, dass sich immer weniger Menschen auf das Abenteuer Kind einlassen. Laut einer Studie der Robert-Bosch-Stiftung sind 40 Prozent der Kinderlosen der Meinung, ein Kind würde zu hohe

Kosten verursachen. 31 Prozent glauben, sich in einer finanziellen Situation zu befinden, die Nachwuchs nicht erlaube. Wer kann sich aus bequemer Distanz und in Unkenntnis der realen Lebenssituation jedes einzelnen Befragten anmaßen, diese Einschätzung als generell unzutreffend zu bezeichnen? Mit Sicherheit gibt es einige Menschen, die finanzielle Gründe anführen und die Kosten, die Kinder zwangsläufig mit sich bringen, gegen den Verlust von Lifestyle-Elementen aufrechnen. Die überwältigende Mehrheit der Kinderlosen hingegen, das beweisen alle seriösen Untersuchungen, entscheidet die K-Frage nicht nach Taschenrechner- und Buchhalter-Prinzipien, die auf ein Leben im Luxus abzielen. Und ist es im Übrigen nicht ganz normal, dass man sich zunächst im Job beweisen, bei der Arbeit Spaß haben und Geld verdienen will, bevor man eine allseits als Risiko gebrandmarkte Elternschaft antritt? Es gehört schon ein gehöriges Maß an Scheinheiligkeit dazu, Kinderlosen das Streben nach Erfolg und Bestätigung im Beruf, nach Flexibilität und andererseits finanzieller Sicherheit vorzuhalten, nachdem über Jahrzehnte hinweg genau diese Eigenschaften von Politik und Wirtschaft als Teil marktwirtschaftlicher Leitkultur gepriesen wurden. Mehr zu diesen Widersprüchen im Kapitel »Heuchelei in Politik und Wirtschaft« ab Seite 99.

Schutz des ungeborenen Lebens. »Wer nicht zur Welt kommt, wird nicht arbeitslos« ist in Erich Kästners bemerkenswertem Gedicht »Patriotisches Bettgespräch« nachzulesen. So wie Kästner denken viele Kinderlose. Sie fragen sich, ob sie ihrem potentiellen Nachwuchs tatsächlich diese (Um-)Welt zumuten wollen. In der Online-Umfrage »Perspektive Deutschland«, an der 450 000 Menschen teilnahmen, begründeten 36 Prozent der Befragten ihre Entscheidung gegen Kinder damit, dass diese keine Zukunft hätten. Übertriebener Pessimismus? Utopischer Wunsch nach Vollkasko-Schutz für den eigenen Nachwuchs? Das kommt ganz auf die Sichtweise an. Massenarbeitslosigkeit, Klimawandel, sinkende Sozialstandards und negative Globalisierungsfolgen lassen sich jedenfalls nicht vorschnell als Scheinargumente abtun. Beispiel Umweltprobleme: Laut Bund Naturschutz kommen auf rund vier Millionen Kinder in Deutschland 45 Millionen Pkw. Jedes zehnte deutsche Kind weist Allergien auf. Die zehn wärmsten Jahre seit Beginn der Aufzeichnung von Wetterdaten wurden alle seit 1990 gemessen, die Kohlendioxid-Konzentrationen sind laut aktuellen Messungen von Eiskernen aus der Antarktis heute höher als jemals zuvor. Kriege und Terroranschläge reihen sich nahtlos aneinander. »Es kann nicht verwundern, dass kritische Geister angesichts der herrschenden und drohenden Verhältnisse sich entschließen, selbst keine Kinder in die Welt zu setzen«, meint Andrea Dee in ihrem Buch *Müssen Frauen Mütter sein?*. Die Sorge um das Wohl der nachfolgenden Generation ist legitim, ebenso wie der freiwillige Verzicht darauf, dafür Verantwortung zu übernehmen (wohingegen manchen Müttern und Vätern dringend eine Prüfung zum Erhalt des Elternführerscheins nahegelegt werden sollte). Die Autorin Esther Vilar ist davon überzeugt: »Auf eine Welt, in der man Kinder misshandelt und in Kriegen zerfetzt, in der man sie prostituiert und verhungern lässt, wird ein den Gesetzen des sittlichen Handelns verpflichteter Mensch keine weiteren Kinder bringen. Jene, die wir so gern als Egoisten beschimpfen, weil sie ihre Vermehrung willentlich verweigern, dürften die Einzigen sein, die wahrhaft kinderlieb sind.«[9] Indessen, wer es ernst meint mit der Kritik am aktuellen Zustand der Welt oder des eigenen Landes, der sollte auch aktiv etwas dagegen unternehmen: Initiativen starten, Organisationen beitreten, Überzeugungsarbeit leisten. Auf Kinder zu verzichten, schafft keine Verbesserung. Aus Langeweile oder Routine Nachwuchs zu produzieren, allerdings auch nicht.

Bereicherung oder Belastung? Dass eigene Kinder beides sein können, wissen wir Kinderlosen. Nachwuchs ist kostbar, großartig, unersetzlich und süß, daran besteht kein Zweifel. Aber Kids sind eben auch teuer, laut, trotzig und chaotisch. Richtig ist zudem, dass Kinder mobilisieren, weiterbilden, das Leben erfrischen und bereichern. Genauso wie sie stören, brüllen, fordern und provozieren. Wir sind keine Ignoranten – Kinder bescheren wunderbare Momente. Aber sie halten ihre Erzeuger auch oft von den eigenen Interessen ab. Wer allerdings einen offenen Pro- und Contra-Diskurs über das Kinderkriegen beginnt, muss mit Unverständnis rechnen. Denn objektiv feststellbare Gründe gegen Kinder sollen möglichst nicht öffentlich artikuliert werden. Schon gar nicht in Zeiten der Zeugungs- und Gebärflaute. »Nicht nachdenken! Einfach Kinder kriegen!«, lautet stattdessen das inoffizielle Motto in Zeiten des als beängstigend empfundenen und als Schreckensszenario gezeichneten Schrumpfens der Deutschen. Die Satire-Zeitschrift *Titanic* begegnet der K-Frage auf ihre Art: Im verlagseigenen Shop verkauft sie ein Poster »für alle, die aussterben wollen«, und zeigt darauf ein Foto der vierköpfigen Teenie-Band *Tokio Hotel*. Die Bildunterschrift lautet: »Vier gute Gründe gegen Kinder«. Nicht auszuschließen ist, dass sich beim Anblick dieses Posters sogar Mütter oder Väter ein zustimmendes Nicken nicht verkneifen können. Ein bisschen Selbstironie und Offenheit würde der Debatte grundsätzlich nicht schaden. Man muss seine Einstellung ja nicht immer so schonungslos direkt formulieren wie der Trend- und Zukunftsforscher Matthias Horx, der, nach den Motiven gegen Kinder befragt, spontan antwortet: »Kinder sind zunächst einmal eine Zumutung für jeden überzeugten Individualisten. Sie sind Feinde aller komplexen, konzentrierten Arbeit. Wenn man Künstler sein will, kreativ oder einfach nur verdammt gut in seinem Beruf, sind Kinder schrecklich. Richtige Störfaktoren.«[10] Das klingt hart und einseitig. Sagt aber dennoch kaum etwas über die Grundeinstellung zu möglichen Nachkommen aus. Nur zehn Prozent der Kinderlosen vermuten nach einer Umfrage des Bundesinstituts für Bevölkerungsforschung, dass sich ihre Lebensfreude- und -zufriedenheit durch ein Kind verschlechtern würde. Die BZfgA hat festgestellt, dass sich generelle Ansichten zu Kindern zwischen Kinderlosen und Eltern (beide Gruppen mit Hochschulabschluss) kaum unterscheiden. Der Aussage »Kinder machen das Leben intensiver und erfüllter« stimmen mehr als drei Viertel der befragten Kinderlosen zu. Halten wir fest: Eine Abneigung gegen Kinder ist nur in den seltensten Fällen der Grund für ein Leben ohne Erbanhang. Seltsam, dass uns dieses Vorurteil trotzdem so oft anhaftet.

Neben den oben genannten häufigsten Gründen für ein Leben ohne Nachwuchs gibt es selbstverständlich noch eine Vielzahl weiterer Ursachen. Studien zeigen, dass beispielsweise schwierige Wohnverhältnisse, schlechte Betreuungssituationen, eine als kinderfeindlich empfundene

Umwelt, das Fehlen familiärer Netzwerke, negative Erfahrungen in der eigenen Familie oder vorangegangene Fehlgeburten nur für einen kleinen Teil der Kinderlosen ausschlaggebend sind. In den meisten Befragungen werden diese Gründe von etwa ein bis fünf Prozent der Interviewten genannt. Für einige Frauen mag die Angst vor einem Leben als Alleinerziehende eine Rolle spielen: Unter den 2,6 Millionen alleinerziehenden Elternteilen befinden sich laut Statistischem Bundesamt 87 Prozent Frauen. Seit 1996 ist die Zahl der auf sich allein gestellten Mütter und Väter in Deutschland um 18 Prozent im Westen und um acht Prozent im Osten gestiegen. Verständlich, dass sich Menschen, die nicht vollstes Vertrauen in den Partner haben, angesichts dieser Entwicklung nur zögerlich oder gar nicht für ein Kind entscheiden.

Kinder zu bekommen ist Privatsache – mit ganz individuellen Hintergründen. Analysiert man die Entscheidungsfindung, ergibt sich jedoch eine klare Typologisierung der Kinderlosen. Die Psychologin und Buchautorin Christine Carl unterscheidet zwischen »Frühentscheidern, Aufschiebern und Spätentscheidern«.[11] Erstere träfen ihre Entscheidung bereits im Alter von bis zu 25 Jahren unabhängig von einem Partner. Die Gruppe der Aufschieber habe zwar einen Kinderwunsch, verschiebe diesen aber auf einen »geeigneten« Zeitpunkt und setze sich nie ernsthaft und endgültig mit der Frage auseinander. Bleiben als dritte Gruppe laut Carl diejenigen, die das Thema erst beiseite lassen, um sich dann mit Mitte 30 intensiv damit auseinanderzusetzen, bis sie sich letztlich doch gegen eigene Kinder entscheiden. Diese grundsätzliche Charakterisierung weist bei näherer Betrachtung einzelner Kinderloser zahlreiche

Facetten auf, die Übergänge zwischen den Gruppen sind bisweilen fließend. Wir, die Autoren dieses Buches, bewegen uns zum Beispiel irgendwo in der Grauzone zwischen Aufschiebern und Spätentscheidern. Um Sie als Leser nicht mit unserem rein privaten Umgang mit der K-Frage zu langweilen, beschränken wir uns auf eine kurze Zusammenfassung: Wir hatten – unabhängig voneinander – nie das Gefühl, unbedingt Kinder haben zu müssen. Konnten uns aber durchaus vorstellen, einmal Mutter und Vater zu werden. Von Beginn unserer Beziehung an gab es regelmäßig Gespräche über dieses Thema. Da keiner von uns beiden »es« zu einem bestimmten Zeitpunkt forcieren wollte, vergingen mehrere Jahre ohne echte Entscheidung. Schließlich der Entschluss: Wir wollen Kinder (bzw. zunächst einmal eines)! Nach einer Fehlgeburt drehte sich die Stimmung, wir schlossen Nachwuchs aber weiterhin nicht generell aus. Als drei Jahre später, im Alter von knapp 40 Jahren, noch immer kein dringender Kinderwunsch (oder eine deutliche Ablehnung) zu verspüren war, beschlossen wir, endlich einen klaren Strich zu ziehen und nicht weiter zu überlegen. Ein Leben ohne eigene Kinder, so wurde uns klar, ist wohl das Beste für uns. Bereut haben wir die Entscheidung nicht. Im Gegenteil.

Wie wir hat jeder der rund acht Millionen Kinderlosen in Deutschland eine eigene Geschichte rund ums Kinderkriegen. Es sind dies sehr unterschiedliche Geschichten mit mannigfaltigen Gründen für ein Leben jenseits des klassischen Lebensmodells. Vermutlich würde es nicht schaden, diese öfter mal als bisher zu erzählen. Damit man endlich weiß, wer wir wirklich sind. Und wie es dazu kommt, dass wir keine eigenen Kinder haben.

Das Märchen vom Egoismus

DAS VORURTEIL VON EGOISTISCHEN KINDERLOSEN VERZERRT DIE REALITÄT • ELTERN AUF DEM EGOTRIP • ZEUGEN UND GEBÄREN FÜR STAAT ODER KIRCHE • GEGENSEITIGE VORWÜRFE HELFEN NICHT WEITER

Es gibt tatsächlich Momente im Leben, in denen man für einen kurzen Augenblick sogar der *Bild*-Zeitung für ihre Existenz dankbar sein muss. Im März 2006 präsentierte Deutschlands meistgelesenes Blatt seinen Lesern »100 Gründe, warum Sie ein Baby machen sollten«. Was für eine ehrenwerte Aufgabe! Patriotisch gesinnte Boulevardschreiber zeigen dem vermehrungstechnisch erlahmten Volk, warum es sich lohnt, Kinder zu zeugen – bravissimo! Was dann jedoch folgte, war – vermutlich völlig ungeplant und selten so deutlich geworden – eine Reihe egoistischer Motive für das Kinderkriegen. Als Gründe für Nachwuchs nannte die offenbar stramm auf Reproduktion getrimmte Redaktion unter anderem:

> »Weil wir mit Kind weniger Steuern zahlen.«
> »Weil man weiß: Ich bin nie wieder allein!«
> »Weil wir später jemanden haben,
>   der sich über unsere Besuche freut.«
> »Weil der Familienname weiterleben muss.«

Noch Fragen? Besser kann man kaum beschreiben, warum Kinder so ungemein wertvoll sind. Eben: Weil sie vor allem für potentielle Eltern einen großen, messbaren Wert darstellen. Insofern gebührt *Bild* unser Dank. Für die tatkräftige Widerlegung der These, die Kinderlosen seien die wahren oder einzigen Egoisten. Dass die beteiligten Redakteure neben allem ungewollt zur Schau gestellten Eigennutz auch Sinn für kruden Humor hatten, zeigen die beiden folgenden Gründe aus derselben Liste:

> »Weil wir dann auch noch mit 80 jemanden haben,
> der uns die *Bild*-Zeitung vorliest.«
> »Weil man im Kinderwagen auch prima
> einen Kasten Bier transportieren kann.«

Zweifellos gab es für Stammleser spätestens nach der Lektüre dieser Zeilen keinen vernünftigen Grund mehr, babyabstinent zu bleiben. Zu schade, dass der engagierte Aufruf dennoch keine spürbare Wirkung zeigte und die genannten 100 Gründe wohl nicht wirklich überzeugen konnten. Jedenfalls stieg die Zahl der Geburten im Oktober 2006 (neun Monate nach Erscheinen der besagten Ausgabe) keineswegs sprunghaft an.

Hartnäckig hält sich das Vorurteil, Kinderlose dächten grundsätzlich nur an sich selbst, während sich Eltern für ihre Kinder und somit für die Gesellschaft aufopferten. Lagerdenken dominiert. Doch das Negativimage ist gnadenlos überzeichnet und lenkt von den wahren Gründen vieler Eltern für Kinder ab. Karrieregeile Frauen, egoistische Männer und konsumsüchtige Paare ohne Kinder gibt es – wer wollte das bestreiten? Allerdings: Die Quote der eigennützigen Mütter und Väter, für die Kinder in erster Linie ein Prestigeobjekt sind, dürfte keineswegs geringer sein. »Ich habe schon so ziemlich alles erreicht, jetzt fehlt mir nur noch ein Kind!« zählt zu den typischen Aussprüchen dieser Spezies. Allzu oft soll der Nachwuchs dem Leben seiner Eltern einen Sinn geben, versuchen Erzeuger ihre Töchter und Söhne zwanghaft zum repräsentativen Idealkind zu formen. Womit im Übrigen nicht nur Eislaufmuttis und Tennisväter gemeint sind. »Frauen werden nicht Mütter, weil sie Kinder lieben und ach so selbstlos sind, Frauen werden Mütter aus handfesten egoistischen Gründen. Wahr ist, dass kein Mensch etwas ohne Befriedigung seines Egoismus tut, und sei es die ambitionierteste oder gottesfürchtigste Mutter«, schreibt Brigitte Piwonka in ihrem Buch *Der Kinderwunsch, ein Egotrip?*. Die Autorin stellt fest, dass der Versuch, Egoismus mit Mutter- und Vaterschaft zu verknüpfen, noch immer eines der stärksten Tabus unserer Gesellschaft ist. Elternschaft im gesellschaftlich anerkannten Sinn schließe jede Art von Egoismus aus, so Piwonka. In der Tat wird häufig vergessen und verdrängt (oder geflissentlich übersehen), wie Kinder instrumentalisiert werden. Als Stammhalter, Steuerzahler, Statussymbol, Liebesbeweis, Rentensystembewahrer, Druckmittel bei Scheidungen. Großes Medienecho? Fehlanzeige. Viel lieber spekuliert man in aller Öffentlichkeit über die vermeintlich nur auf den eigenen Vorteil bedachten Kinderlosen. »Das Programm: jeder für sich, angetreten zur Anbetung des eigenen Bauchnabels. Und dieses Modell ist Leitkultur geworden«, druckt *Der Spiegel* und beruft sich dabei auf die Erkenntnis des Bundesfamilienministeriums, dass es sich bei Kinderlosen oft um Personen handele, »die in überdurchschnittlichem Maß Wert auf Unabhängigkeit legen«. Ein sonderbar konstruierter Zusammenhang. Denn das Streben nach möglichst großer individueller Freiheit bedeutet mitnichten gleichzeitig

Rücksichtslosigkeit oder Egoismus. Diese Gleichsetzung passt jedoch perfekt zu der Vorstellung, die sich in den vergangenen Jahren viele von uns gemacht haben. In der *Welt am Sonntag* ist zu lesen: »Wir, die in den 50er, 60er und 70er Jahren geboren wurden, sind die Generation der großen Lebensverhinderer. Satt und zufrieden halten wir uns für den Gipfel des Möglichen – und ein Leben nach uns für wertlos.« Da haben wir es wieder: Das altbekannte Negativimage kinderloser Ichmenschen.

»Heute ist viel von den neuen Egoisten die Rede, die keine Kinder bekommen, weil sie lieber ungebunden sein möchten oder keine finanziellen Einschnitte akzeptieren wollen. Gerechterweise müsste aber auch von den ›alten Egoisten‹ die Rede sein, die Kinder in die Welt setzten, weil sie ihr Vermögen weitergeben oder weil sie im Alter und bei Krankheit nicht allein und ohne materielle Unterstützung sein wollten«, meint die Autorin Andrea Dee.[1] Noch immer gibt es Männer, deren Lebensziele sich überwiegend auf das Credo »Haus bauen, Baum pflanzen, Kind zeugen« reduzieren. Noch immer werden Kinder geboren als Medizin gegen Einsamkeit, innere Leere und Orientierungslosigkeit. Im Kinderwunsch offenbart sich bei vielen Frauen und Männern eine Sinnsuche, eine Sehnsucht nach Verankerung. Das ist nicht generell problematisch und durchaus nachvollziehbar. Aber Kinderkriegen, allein um irgendwohin zu gehören, erscheint nicht nur uns als falscher Ansatz, wie den Erfahrungswerten der Familienwissenschaftlerin Professor Dr. Uta Meier zu entnehmen ist: »Kinder sollen das Leben bereichern, sie sollen emotionale Bedürfnisse nach Freude, Spontaneität und nach Nähe befriedigen.

Diese Motive beziehen sich auf die Partnerschaft und die eigene Person, d.h. Kinder sollen Wünsche und Lebensideale von angehenden Eltern einlösen. Solche Erwartungen lassen sich durchaus mit weniger Kindern realisieren.«[2]

Der Salzburger Pädagogikprofessor Anton Bucher geht noch weiter. Er hält es für geradezu illegitim und unstatthaft, ein Kind zu zeugen, nur um selbst glücklich zu werden. »Wenn ein Kind auf die Welt gebracht wird, dann darf es nur um des Kindes willen sein. Sonst wird das Kind funktionalisiert«, so Bucher.[3] Festzustellen bleibt: Auch dann, wenn von der scheinbar unabwendbaren Wirkung der Mutterhormone oder von Fortpflanzung als ganz und gar natürlicher, objektiver Entwicklung ohne Alternative gesprochen wird, handelt es sich bisweilen um vorgeschobene Argumente, die handfeste egoistische Motive verdecken sollen. Wir wollen niemandem die Lust an der Elternschaft nehmen (nur zu!) oder das Kinderkriegen generell kritisieren – aber wir plädieren für etwas mehr Ehrlichkeit und Objektivität, wenn wieder einmal von kinderlosen Ichmenschen die Rede ist. Das internationale Kinderlosen-Forum www.childfree.net zitiert eine US-Studie zweier Psychologen, die Hunderte Paare mit und ohne Kinder nach ihren Gründen für bzw. gegen Nachwuchs befragt haben. Heraus kamen neun typische Antworten pro Kinder und 13 immer wiederkehrende Contra-Argumente. *Für* Nachwuchs sprachen unter anderem die Freude an der Erziehung, die enge Beziehung zum Kind, die Möglichkeit, Verantwortung für das Wohlergehen eines Kindes zu übernehmen, die Weitergabe der eigenen Gene und das Fortbestehen der Familie. Als Gegenargument galt beispielsweise, dass man ein Kind nicht möglichen Gefahren aussetzen wolle, mehr Zeit für ehrenamtliche Jobs zur Verfügung habe, den Partner nicht wegen eines Kindes zu einem Verzicht überreden müsse und die Sorge um Überbevölkerung. »Unserer Meinung nach scheinen alle neun genannten Gründe, Kinder zu haben, egoistischer Natur zu sein; sie handeln davon, was die Eltern für sich selbst erwarten. Während nur fünf der 13 Gründe, keine Kinder zu haben, egoistischen Ursprungs sind, beinhalten die anderen acht eine Sorge um die Welt, die Gesellschaft und das Kind, das geboren würde«, ist auf der Homepage des Forums nachzulesen. Nicht nur diese Erkenntnisse zeigen: Von einer pauschalen Einstufung Kinderloser als reine Egoisten sollten selbst unsere schärfsten Kritiker Abstand nehmen.

Und: Kinderkriegen als vermeintliche Lösung privater Probleme ist durchaus üblich. Möglicherweise liegt die Filmfigur Richard Fish, Chef einer Anwaltskanzlei, richtig. Dieser diskutiert in einer Folge der TV-Serie *Ally McBeal* mit seinem Kollegen John Cage zunächst über die K-Frage und kommt schließlich zu dem schonungslosen Schluss: »John, wenn dir nicht gefällt, wie du bist, wenn du wirklich unglücklich mit deinem Leben bist, dann bist du so weit, ein Kind zu bekommen.« Ein Wunder, dass dieser Satz nicht der Zensur zum Opfer fiel.

Entlarvende Fragen, heuchlerische Sprüche. Viele Kinderlose werden regelmäßig mit Bemerkungen bedacht, die von der Doppelzüngigkeit ihrer Urheber künden. »Du hast keine Kinder? Wer soll dich denn im Alter pflegen?«, »Es ist doch so schön, wenn man ein kleines Wesen formen kann!«, »Ohne Kind macht das Leben gar keinen Sinn!«,

»Wem sonst kannst du deine ganze Liebe schenken?«. Sätze, die zeigen, wie populär die Methode ist, durch das Aufziehen eines kleinen Wesens dem eigenen Leben einen Sinn zu geben und sich in den späten Lebensjahren versorgt zu glauben. Der CSU-Bundestagsabgeordnete Norbert Geis wendete sich in der WDR-Talkshow *Hart aber fair* mit beschwörenden Worten an Kinderlose: »Diejenigen, die keine Kinder haben, müssen sich auch mal fragen lassen: Was machen sie im Alter? Dann werden sie einsam sein.« An einer anderen Stelle der Sendung schwärmte der konservative Verfechter der traditionellen Familie von den Vorteilen der Vaterschaft und beschrieb in diesem Zusammenhang das für ihn unvergleichliche Gefühl, nach Hause zu kommen und zu merken, »die Kinder sind da, die Frau ist da«. Wie schön und bequem für den Mann, der nach getaner Arbeit seine ihn sehnlichst erwartende Frau dort vorfindet, wo sie seiner Meinung nach anscheinend hingehört. Aussagen, die weniger nach Selbstlosigkeit klingen als nach Befriedigung selbstsüchtiger Motive. Andrea Dee schreibt: »Ein Argument, das kinderlose Frauen – und auch Männer – immer wieder zu hören bekommen, ist die Warnung: ›Im Alter wirst du erst merken, was dir fehlt. Dann wirst du einsam sein!‹. Wer so argumentiert, vergisst die unzähligen Alten, die trotz einer oft recht beträchtlichen Kinderzahl vereinsamt in ihren Wohnungen oder im Pensionisten- oder Pflegeheim hocken und vergeblich auf Besuch hoffen. Sicher, wer keine Kinder hat, bekommt auch keinen Besuch, aber er wartet erst gar nicht darauf.«[4]

Trotzdem müssen wir uns immer wieder fragen lassen, ob wir es nicht später einmal bereuen werden, kinderlos geblieben zu sein. »Wer sich alles offen hält, wird irgendwann feststellen, dass er immer noch am alten Abzweig steht«, meint etwa Henning Sussebach in der Wochenzeitung *Die Zeit*. Kann passieren, keine Frage. Diesbezüglich machen wir uns keine Illusionen. Ausschließen können wir nicht, dass wir eines Tages anders über die K-Frage denken und vielleicht doch gerne Kinder (gehabt) hätten, das ist uns klar. Aber sollen diejenigen, die sich (noch) nicht entscheiden können, allen Ernstes prophylaktisch ein Kind in die Welt setzen, ohne es im Augenblick wirklich zu wollen? Damit sie später nicht bedauern müssen, auf Nachwuchs verzichtet zu haben? Und in der Hoffnung, ihre Meinung noch zu ändern? Das erscheint grotesk, wenn nicht völlig verantwortungslos gegenüber den Kindern, die aufgrund einer solchen Einstellung zur Welt kämen. Ganz nebenbei: Auch Eltern sind nicht davor gefeit, irgendwann immer noch »am alten Abzweig« zu stehen und sich selbst keinen Millimeter vom Fleck bewegt zu haben. Ist es selbstloser, ein Kind zu bekommen, weil man »es eben so macht«, statt sich bewusst für andere Lebensformen zu entscheiden?

Vielleicht ist es ja ganz gut, dass manche Menschen in ihrem Leben nicht alles haben müssen und auf Kinder verzichten. So wie jene Eltern, die Kinder als Besitz betrachten wie eine wertvolle Schrankwand oder ein teures Auto, besser daran getan hätten, kinderlos zu bleiben. Gleiches gilt für Mütter und Väter, die ihrem Nachwuchs ausschließlich Fastfood-Produkte vorsetzen und abgesehen von der Mikrowelle keine Küchengeräte bedienen können. Weitere Beispiele verkneifen wir uns an dieser Stelle – trotz großer Auswahl.

»Seid fruchtbar und mehret Euch!«, heißt es in der Bibel. Frei von Egoismus ist auch dieser Ausspruch nicht; dies zu benennen setzt keine Bereitschaft zur böswilligen Interpretation voraus. Schließlich bedeutete eine religiös motivierte Fortpflanzung traditionell mehr Kinder, mehr Kirchgänger, mehr Kirchensteuerzahler. Mehr Macht. Zwar halten die Oberhäupter der katholischen Kirche noch immer an der von ihren Schäfchen kaum praktizierten Enthaltsamkeit vor der Ehe fest (und äußern sich mal abfällig, mal besorgt zur fortpflanzungsfeindlichen Homosexualität), doch heutzutage entstehen – zumindest in Deutschland – die wenigsten Schwangerschaften aufgrund von Bibeltreue. Wenngleich die unbändige Lust auf Nachwuchs unter gläubigen Katholiken angeblich statistisch deutlich größer ist als unter Protestanten oder Anders- und Ungläubigen. Die Zeiten, in denen Vermehrungsaufrufe von der Masse der Bevölkerung widerspruchslos und brav befolgt wurden, scheinen endgültig vorbei zu sein. Ausgerechnet aus dem Land mit der niedrigsten Geburtenrate der Welt, dem Vatikan, sind die häufigsten Forderungen nach vermehrter Zeugungs- und Gebäraktivität zu vernehmen. In den katholisch geprägten Ländern Spanien, Italien und Griechenland waren die Geburtenraten in den vergangenen Jahren meist niedriger als in Deutschland. Indessen, auch ein unabhängig von religiösen Vorgaben gefällter Nachwuchs-Entschluss qualifiziert nicht zwangsläufig zu einem altruistischen Leben. Entscheidend ist, was man daraus macht, wie wir im Kapitel »Prädikat: Gesellschaftlich wertvoll« ab Seite 89 beschreiben. Die Autorin Esther Vilar ist davon überzeugt, dass sich viele zukünftige Eltern Vorteile für sich selbst aus der Zeugung erhoffen: »Wenn es anders wäre – wenn Kinder hauptsächlich Nachteile brächten –, würden ja zumindest in Ländern mit funktionierender Geburtenkontrolle längst keine mehr geboren.« Nur zur Erinnerung: Trotz des Geburtenrückgangs werden zurzeit noch immer drei Viertel aller Deutschen im Laufe ihres Lebens Eltern. Aber sicher nicht überwiegend aus egoistischen Motiven, oder? Doch, meint Vilar. Wer sich zu einem Kind entschließe, brauche sich zumindest für die nächsten zwanzig Jahre nicht mehr zu fragen, wofür er am Leben sei: Er habe für ein Kind zu sorgen, basta. »Ein Kind bedeutet Macht. Welcher Mensch wird je wieder so andächtig unseren Worten lauschen und auf so totale Weise auf uns angewiesen sein?«[5] Sich dies einzugestehen, fällt Mamas und Papas, die sich allein aufgrund ihrer Elternrolle als aufopfernde Gutmenschen sehen, verständlicherweise schwer.

Um es noch einmal deutlich zu sagen: Wir unterstellen Eltern keinesfalls pauschal übertriebenen Egoismus. Wir vermuten nur, dass sie in einem ähnlichen Ausmaß wie wir das Beste für sich wollen. Das ist ebenso wenig verwerflich wie unser Versuch, auf andere Weise (und ohne Nachkommen) glücklich zu werden. Appelle zum nationalen Drauflosgebären oder das medial aufbereitete Wettrüsten der Geburten im internationalen Vergleich werden daran kaum etwas zu ändern vermögen. Was keine Katastrophe sein muss. Sex ja, Fortpflanzung nein – dies bedeutet keinesfalls den Untergang des Abendlandes und hat vor allem nicht zwingend etwas mit Egoismus zu tun. Wenn man sich schon eifrig auf die Suche nach den vermeintlichen Ichmenschen begibt, sollte man wenigstens versuchen, sie in beiden Personenkreisen aufzuspüren – bei Kinderlosen *und* Eltern. Zu welch überraschenden Erkenntnissen dieses Vorgehen führen kann, haben nicht zuletzt die 100 Gründe für ein Baby in der *Bild*-Zeitung eindrucksvoll bewiesen.

Warum Finanzminister Kinderlose lieben

HALTLOSE FORDERUNGEN NACH EINER BESTRAFUNG VON KINDERLOSEN • EIN NEUER BABYBOOM WÄRE EINE FINANZIELLE KATASTROPHE • MILLIARDENAUSGABEN DES STAATES FÜR FAMILIEN • WIE VIEL KINDERLOSE WIRKLICH ZAHLEN

Wer nicht zeugen oder gebären will, muss büßen. Wir Kinderlosen sollen zur Kasse gebeten werden. Warum? Weil wir nicht in das Humankapital der nächsten Generationen investieren. Und vor allem: Weil wir nach Ansicht diverser nachwuchsfixierter Ökonomen die wahren Sozialschmarotzer sind. Angeblich profitieren wir spätestens als Rentner schamlos von den Beträgen, die Familien in die sozialen Sicherungssysteme einzahlen und tragen selbst kaum zu deren Finanzierung bei. Ein weiterer, regelmäßig geäußerter Vorwurf lautet, dass wir durch unsere verantwortungslose Verweigerungshaltung mitverantwortlich für leere öffentliche Kassen seien. Wirklich skandalös, dieses Verhalten von Menschen ohne Nachwuchs, oder etwa nicht? Der Direktor des Instituts für Wirtschaftspolitik der Uni Köln, Johann Eekhoff, verlangt scheinbar folgerichtig, die Rente von Kinderlosen um die Hälfte zu senken.[1] Mit dieser Forderung steht er nicht allein inmitten der Kriegt-mehr-Kinder-Kampagne. »Statt eine ganze Generation kollektiv in die Verantwortung zu nehmen, sollten die notwendigen Rentenkürzungen und das kompensierende Riester-Sparen auf die Kinderlosen fokussiert werden«, meint Hans-Werner Sinn, der Präsident des ifo

Instituts.[2] Auch der Verfassungsrichter Udo Di Fabio beteiligt sich gerne am Kinderlosen-Bashing. Er sagt: »Wer nur Beiträge in ein umlagenfinanziertes System einzahlt, darf womöglich im Hinblick auf die Höhe späterer Leistungen kein allzu großes Vertrauen bilden, wenn er darüber hinaus nichts zum Fortbestand des Systems beigetragen hat.«[3]

Ein weiteres Beispiel für die bei der Suche nach neuen Geldquellen und Sündenböcken offenbar geradezu manische Konzentration auf uns Kinderlose liefert der Soziologe Franz-Xaver Kaufmann: «Was die monetären Transfers betrifft, so muss (…) festgehalten werden, dass die Anreizstrukturen zugunsten der Kinderlosigkeit sich nur dadurch wirksam verändern lassen, dass Vorteile der Kinderlosen im Steuer- wie im Arbeits- und Sozialrecht beseitigt werden.«[4] Genug gelesen? Einen haben wir noch: »Die Beiträge in das Rentensystem müssten nach Kinderzahl und Erziehungsjahren gestaffelt werden«, ist der Bevölkerungsforscher Herwig Birg überzeugt.[5] Schön, dass sich die Herren über die Zielgruppe ihrer Strafaktionen einig sind. Auf den ersten Blick erscheinen ihre Forderungen vielen Bürgern als plausibel. Zu Unrecht, wie sich in diesem Kapitel herausstellen wird.

Ganz objektiv lässt sich Folgendes feststellen: Erwerbstätige Kinderlose zahlen im Durchschnitt mehr Steuern und Sozialabgaben als Eltern (was nicht zuletzt auf die Tatsache zurückzuführen ist, dass bei mehr als drei Viertel aller Eltern mindestens ein Elternteil für mehrere Jahre nicht berufstätig oder teilzeitbeschäftigt ist). Gleichzeitig erhalten Kinderlose im Regelfall wesentlich weniger Sozialleistungen. Würden ab sofort all jene Kinder geboren werden, die Deutschland angeblich so dringend benötigt, müsste der Finanzminister wohl ziemlich bald einen Offenbarungseid leisten. Sie glauben es nicht? Hier unsere Modellrechnung: Nehmen wir einmal an, Deutschland bekommt plötzlich wieder Lust auf Kinder. Der Traum der Fortpflanzungsvorkämpfer geht in Erfüllung, Frauen und Männer zeugen und gebären nach Wunsch, in den Kreißsälen der Kliniken wird endlich wieder rund um die Uhr unter Hochdruck gearbeitet. Der lang ersehnte neue Kindersegen ist da. Zwischen Januar und Dezember werden 300 000 Kinder mehr geboren als in den vergangenen Jahren, also insgesamt knapp eine Million pro Jahr – womit langfristig möglicherweise das befürchtete Aussterben des deutschen Volkes verhindert werden könnte. 300 000 Mal zusätzlicher Nachwuchs – wunderbar, oder? 300 000 Mal mehr Zukunft für unser bevölkerungstechnisch von Schrumpfung bedrohtes Land – was für ein Geschenk!

Paradiesische Zustände? Von wegen.

Für die Bundesregierung wäre dies zunächst einmal eine Horrornachricht. Im Bundesfinanzministerium würde die Botschaft vom überraschenden Babyboom einen schweren Schock auslösen. Krisengipfel müssten einberufen, Notpläne erstellt werden. Warum? Ganz einfach: Weil die Kosten enorm hoch wären. Allein für den Mehraufwand an Kindergeld würden im ersten Jahr 554 Millionen Euro anfallen, im zweiten Jahr 1,1 Milliarden Euro, im dritten Jahr der dreifache Wert der Ausgangssumme. Nach fünf Jahren mit 1,5 Millionen zusätzlich geborenen Kindern müssten in dieser Zeit 8,3 Milliarden Euro allein an Extra-Kindergeld ausgegeben werden. Hinzu käme das neue Elterngeld in Höhe von 16,7 Milliarden Euro in fünf Jahren (bei einem durchschnittlichen Bruttoeinkommen von 2200 Euro). Zusätzlich fehlten im gleichen Zeitraum rund 59 Milliarden Euro durch den Wegfall von Steuer- und Sozialabgaben derer, die als Eltern niedrigere Sätze zahlen müssen oder sich im Erziehungsurlaub befinden.[6] Sicher: Die neuen Kinder brächten dem Staat auch Geld, zunächst überwiegend durch Anschaffungen, die ihre Eltern für sie tatigen würden. Später zahlen die Neubürger vielleicht irgendwann einmal selbst Abgaben als Erwerbstätige. Wie hoch oder niedrig diese Summe wäre, kann jedoch niemand exakt vorhersagen, wie der Wirtschaftspublizist Hans D. Barbier in der *Frankfurter Allgemeinen Zeitung* zu bedenken gibt: »Wo liegt die Ratio der halben Rente für Kinderlose, wenn Nachkommen der Zeugenden in der Sozialhilfekarriere anstatt im Erwerbspotential landen oder wenn sie als Hochbegabte nach dem subventionierten Studium dem deutschen Sozialstaat den Rücken kehren, um ihren Lebensweg im Ausland zu suchen?«[7] Berechnungen, die diese Ausnahmen nicht berücksichtigen, fallen in sich zusammen wie ein Turm aus Bauklötzchen, der einen gezielten Tritt bekommt.

Zurück zu unserer Modellrechnung mit 300 000 zusätzlichen Kindern pro Jahr. Darin nicht enthalten sind die vielen anderen Kosten, die außerdem in beträchtlicher Höhe für Schulen, Betreuung und Sozialversicherungsleistungen (siehe unten) anfallen würden. Ohnehin bleiben diese oft unberücksichtigt, wenn über den volkswirtschaftlichen Schaden gesprochen wird, der durch die niedrige Geburtenrate entsteht. »Bei so gut wie allen Betrachtungen zum Thema Demografie wird getan, als wenn die erwerbsfähige Bevölkerung (meist als 20- bis unter 60-Jährige angenommen) nur ihre Alten zu ernähren hätte. Dass Kinder und Jugendliche neben Essen, Kleidung und Wohnen – oft von den Eltern finanziert – auch gesellschaftliche Ausgaben erfordern, z.B. für Kindergärten, Schulen, Gesundheit inkl. Personal, wird meist nicht beachtet«, sagt der Statistik- und Mathematikprofessor Gerd Bosbach.[8] Passende Zahlen liefert das Statistische Bundesamt: Es wies im Februar 2007 darauf hin, dass die Schulausbildung Bund und Länder pro Schüler 4700 Euro im Jahr kostet. Im *SZ-Magazin* schreibt Rainer Stadler: »Schief ist auch das Bild vom Beitragszahler, der immer mehr Rentner schultern muss. Er muss nämlich künftig für weniger Kinder und Jugendliche aufkommen – was eine deutliche Entlastung darstellt.«[9] Also, liebe Eltern: Seid froh, dass wir das staatliche Budget nicht zusätzlich durch weitere Kinder belasten!

Um Missverständnissen vorzubeugen: Wir plädieren keineswegs für eine Kürzung von familienpolitischen Leistungen. Eine großzügige staatliche Förderung von Familien ist völlig in Ordnung (wenngleich man über die Art und Weise der Verteilung, einem Flickenteppich mit mehr als 100 Leistungen, nur den Kopf schütteln kann – aber das ist ein anderes, den Rahmen dieses Buches sprengendes Thema). Wir halten es eher mit Alice Schwarzer, die über die unterschiedlichen finanziellen Beiträge von Kinderlosen und Eltern denkt: »Ich zahle als Alleinstehende seit Jahrzehnten bei Rente und Krankenkasse für Familien mit. Und ich tue das gerne. Ehrlich.«[10] Der Spaß an der Mitfinanzierung hört allerdings auf, wenn man uns vorwirft, zu wenig zum Allgemeinwohl beizutragen, und über Sanktionen gegen uns nachdenkt. Die Reduzierung der K-Frage auf finanzielle Aspekte greift ohnehin zu kurz und hat ihre makabren Seiten. Es darf nicht so weit kommen, dass Kinder geboren oder eingefordert werden, weil sie sich rechnen. Ob sie ein »volkswirtschaftlicher Gewinn« sind, wie die *Rheinische Post* meint, ist unserer Meinung nach nicht entscheidend. Aber wir sehen auch nicht ein, schlecht oder einseitig durchgerechnete Modelle (die uns als Profiteure der sozialen Sicherungssysteme ausweisen) unkommentiert zu lassen. Von den Forderungen an uns ganz abgesehen. »Es kommt plötzlich ein Moment der Bestrafung auf in der Rentendiskussion. So als sollten Kinderlose büßen dafür, dass sie keinen Nachwuchs in die Welt setzen. Eine klare Grenzüberschreitung, denn es ist natürlich ein Unterschied, ob man für eine stärkere Förderung von Eltern und Kindern votiert oder ob man sich für massive Kürzungen bei Kinderlosen ausspricht«, meint die Journalistin Barbara Dribbusch.[11]

Aber wer zahlt denn nun mehr? Kinderlose oder Eltern? Erziehen Eltern ihre Kinder letztlich auf Kosten der Allgemeinheit? Oder stützen sie durch zukünftige Steuern und Sozialbeiträge vielmehr die öffentlichen Haushalte und garantieren deren langfristiges Überleben? Das kommt ganz darauf an, mit welchen Zahlen man arbeitet. Zahlreiche Studien widmen sich dem »Kostenfaktor Kind« – und kommen meistens zu dem Schluss, dass sich der Nachwuchs und seine Förderung durch den Staat »auszahlt«. Das ifo Institut für Wirtschaftsforschung behauptet in seiner Erhebung aus dem Jahr 2005 beispielsweise, dass die Erziehung eines Kindes in Deutschland per saldo mit dem »Transfer eines kleinen Vermögens an den Staatshaushalt«

verbunden sei. Die Rechenkünstler aus München ermittelten einen Überschuss gezahlter Steuern und Beiträge über die erhaltenen öffentlichen Leistungen in Höhe von rund 77 000 Euro. Dieser Gewinn resultiert vorrangig aus den erwarteten Beiträgen zu gesetzlichen Versicherungen sowie Einkommen- und Verbrauchsteuerzahlungen. Und genau hier liegt das Problem: Wer kann schon vorhersagen, wie sich ein Neugeborenes verhalten wird? Ob sie oder er überhaupt je einen Arbeitsplatz ergattern wird? Wie Deutschland sich in den nächsten 50 Jahren verändern wird? Welche Lebensmodelle kommende Generationen wählen werden? Strukturbrüche lassen sich nicht prognostizieren. Eine auf Bevölkerungspolitik ausgerichtete 50-Jahre-Prognose aus dem Jahr 1950 etwa hätte folgende Entwicklungen nicht berücksichtigt: Pillenknick, Babyboom, Zustrom ausländischer Arbeitnehmer und osteuropäischer Aussiedler, Trend zur Familie und, später, Singlegesellschaft. Es ist also Vorsicht geboten, wenn jemand sicher zu glauben weiß, wieviel Kosten oder Ertrag Kinder in Zukunft verursachen. Mit willkürlich gewählten, höchst spekulativen Zahlen kann man so gut wie alles untermauern. Dass Familien ihre Förderung zu einem Teil selbst über Steuern, Gebühren und Beiträge zurückzahlen, soll an dieser Stelle nicht verschwiegen werden – bei den häufig durch die Medien schwirrenden Zahlen ist jedoch Skepsis angebracht.

Sicher ist gar nichts. Nicht einmal die Summe, die momentan von Bund, Ländern und Gemeinden für Familien ausgegeben wird. Widersprüchliche Daten: Nach Schätzungen der Deutschen Bundesbank betragen die staatlichen Leistungen für Kinder und Familien rund 151 Milliarden

Euro jährlich. Bundesfamilien- und Bundesfinanzministerium sehen sich nur dazu im Stande, Zahlen aus Teilbereichen zu liefern. Das Institut für Weltwirtschaft an der Universität Kiel beziffert die finanzpolitischen Maßnahmen zugunsten von Familien auf insgesamt 240 Milliarden Euro. Darunter befinden sich folgende Ausgaben (Beispiele)[12]:

– Knapp 51 Milliarden Euro für allgemeinbildende und berufsvorbereitende Schulen
– Mehr als 36 Milliarden Euro für den Familienleistungsausgleich bei der Steuer
– 25 Milliarden Euro für die beitragsfreie Mitversicherung nicht erwerbstätiger Familienmitglieder in der gesetzlichen Krankenkasse
– Mehr als 12 Milliarden Euro für staatliche Ausgaben für Kindertageseinrichtungen
– 6,8 Milliarden Euro für Familienzuschläge im öffentlichen Dienst

Andere Quellen, andere Zahlen. Laut Statistischem Bundesamt bezahlte der Bund über die Arbeitsagenturen im Jahr 2005 mehr als 29 Milliarden Euro Kindergeld für 15,2 Millionen Kinder. Allein für Schwangerschaften, Geburten und Wochenbetten wurden im selben Zeitraum rund drei Milliarden Euro ausgegeben – zwei weitere Beispiele aus einer kaum zu erfassenden Vielfalt von Leistungen. Die Datenlage unübersichtlich zu nennen, erscheint als Untertreibung – sogar das Bundesfamilienministerium spricht in seinem *Monitor Familienforschung* von »divergierenden Zahlen, mangelnder Transparenz und Vergleichbarkeit«. Ursache hierfür seien unterschiedliche Definitionen, welche Einzelmaßnahmen den familienpolitischen Leistungen zuzurechnen seien. Bleibt die Frage: Beträgt die Gesamtsumme nun alles in allem eher 151, 240 oder doch »nur« 98,8 Milliarden Euro, wie dem Sozialbericht der Bundesregierung zu entnehmen ist? Reine Interpretationssache, je nach Interessenlage. Vermutlich liegt die Wahrheit wieder einmal irgendwo in der Mitte.

Im internationalen Vergleich zutreffend ist auf jeden Fall eine Aussage in der *Welt*. Dort heißt es: »Deutschland ist ein Elternparadies, wenn man die monetären Leistungen des Staates für Familien als Maßstab nimmt.« Umso schlimmer, wenn noch immer nicht annähernd der Bedarf an Krippen, Kindertagesstätten und Horten gedeckt und diese Form der Betreuung extrem kostspielig ist. Weniger Transferleistungen an Eltern, mehr (bezahlbare) Betreuungsangebote – dies erscheint vielen Experten als richtiger Weg zu einem entspannteren Kinderklima. Doch dies nur nebenbei.

Modellrechnung. Ist es gerechtfertigt, für Kinderlose Strafsteuern oder Abschläge bei den Renten zu verlangen? Die Antwort ergibt sich aus den Ergebnissen unseres Rechenbeispiels. Wir haben die Steuer- und Abgabenlast der zwei häufigsten Familienformen und von typischen Kinderlosen miteinander verglichen:

Familie 1
Ehepaar mit zwei Kindern: Die Mutter bleibt die ersten fünf Jahre zu Hause, um ihre Kinder zu betreuen.

Der Vater verdient 4000 Euro brutto. Aufgrund dieser Familienkonstellation hat der Ehemann Steuerklasse III.

Familie 2
Ehepaar mit einem Kind: Der Vater verdient 4000 Euro brutto im Monat, die Mutter hat eine Teilzeitstelle mit einem Gehalt von 800 Euro brutto. Aufgrund der hohen Differenz der Einkommen wird das Paar mit Steuerklasse III und V veranlagt.

Kinderlos 1
Ehepaar ohne Kinder: Beide sind berufstätig, er verdient im Monat 4000 Euro brutto, sie 3000 Euro. Beide haben Steuerklasse IV, die der Steuerklasse I entspricht.

Kinderlos 2
Kinderloser Single: Gehalt von 4000 Euro brutto im Monat. Veranlagt mit Steuerklasse I.

Um möglichst realitätsnah und spekulationsfrei zu bleiben, haben wir den Zeitraum der Modellrechnung bewusst auf fünf Jahre begrenzt (was der durchschnittlichen Babypause von deutschen Frauen entspricht). Weitere Grundlagen: Der Krankenkassenbeitrag liegt bei 14 Prozent; nicht berücksichtigt wurden die zusätzlich anfallenden Abgaben der Arbeitgeber, die die Gesamthöhe der Sozialkosten noch beträchtlich steigern würden.

Steuer- und Sozialabgaben innerhalb von 5 Jahren
(alle Angaben in Euro)

Abgaben	Familie 1	Familie 2	Kinder-los 1	Kinder-los 2
Steuer + Soli	34 266	41 106	92 644	57 360
Krankenvers.	16 886	20 652	31 106	16 886
Rentenvers.	23 400	28 080	40 950	23 400
Arbeitsl. Vers.	7 800	9 360	13 650	7 800
Pflegevers.	1 817	2 208	4 331	2 351
gesamt	84 169	101 406	182 681	107 797

Mehrbelastung von Kinderlosen gegenüber Familien

Gegenüber	Familie 1	Familie 2
Kinderlos 1	98 512	81 275
Kinderlos 2	23 628	6 391

Man muss nicht zwingend ein Fünf-Jahres-Modell verwenden, um die Unterschiede der Zahlungen zu verdeut-
lichen. Bereits der Vergleich der *monatlichen* Steuer- und
Solidaritätszuschlagsbelastungen liefert aussagekräftige
Ergebnisse: Ein Vater (wie in Familie 1) mit Steuerklasse III
zahlt 541 Euro Steuern plus 30 Euro Soli pro Monat. Ein
kinderloser Single mit Steuerklasse I dagegen zahlt 907
Euro plus 50 Euro und hat damit allein in einem Monat
eine Mehrbelastung von 386 Euro zu tragen.

Zahlen, die für sich sprechen. In Anbetracht dieser
deutlich höheren Leistungen von Kinderlosen an die
Staatskassen erübrigen sich Forderungen nach einer Zu-
satzbelastung. Wir tragen unseren Teil zum allgemeinen

Steuer- und Sozialleistungsaufkommen bei, das steht außer Frage. Abgesehen von der stärkeren Belastung in der oben genannten Modellrechnung bestehen aber auch Leistungsunterschiede: Bei Familie 1 sind vier Personen für einen Krankenkassenbeitrag von insgesamt 16 886 Euro fünf Jahre lang versichert, die Familie erhält für ihre beiden Kinder in diesem Zeitraum allein 18 480 Euro Kindergeld. Bei Familie 2 sind drei Personen für einen Betrag von 21 626 Euro über einen Zeitraum von fünf Jahren krankenversichert, die Familie erhält in dieser Zeit 9240 Euro Kindergeld.

Der Volkswirt Georg Meck, Wirtschaftsredakteur bei der *Frankfurter Allgemeinen Sonntagszeitung*, hat in seinem Buch *Das Geld kriegen immer die anderen* ebenfalls nachgerechnet. Das Ergebnis seiner Modellrechnung: Einem Durchschnittsverdiener ohne Kinder bleiben nach Abzügen netto 59 Prozent seines Bruttogehalts, einem Verheirateten mit gleichem Einkommen und zwei Kindern 78 Prozent. Bezieht man eine Ehefrau mit geringem Gehalt in die Berechnung ein, ergeben sich 65 (kinderlos) bzw. 72 Prozent des Bruttolohns. Fazit des Autors: »Es gibt einen Weg, wie der Durchschnittsverdiener dem Zugriff des Staates wenigstens ein Stück weit entschlüpft; völlig legal, allerdings mit Nebenwirkungen: Er müsste sich entschließen, eine Familie zu gründen. Dann sähe sein Gehaltszettel gleich viel freundlicher aus.«[13]

Was folgt aus diesen Berechnungen? Wir behaupten nicht, die Retter der Familien, wohltätige Samariter oder selbstlose Spender zu sein. Wir empfinden es nicht als Zumutung, die Gemeinschaftstöpfe zu füllen. Aber wir möchten auch nicht als Schmarotzer und Spielverderber dargestellt werden. Der kinderlose, verheiratete *Stern*-Autor Wolfgang Röhl reagiert auf den Vorwurf, Kinderlose lebten auf Kosten der Kinderkrieger, mit deutlichen Worten: »Da wir keine Kinder haben, konnten wir uns immer auf Erwerbsarbeit konzentrieren. Auf unsere überdurchschnittlichen Einkommen zahlen wir seit vielen Jahren horrende Steuern, mit denen auch Institutionen wie Kitas, Schulen, Universitäten, Jugendzentren oder Drogenberatungsstellen alimentiert werden, die wir gar nicht in Anspruch nehmen. Das bereits versteuerte Geld geben wir nicht zu knapp aus, was dem Finanzamt nochmals Steuern einbringt. Auszeiten wie Babypausen, während derer andere die Sozialbeiträge schwänzen, aber weiterhin versichert sind, nehmen wir nicht. Keiner von uns hat je staatlich subventionierten Wohnraum beansprucht. Jeder von uns zahlt einen happigen Krankenversicherungsbeitrag, obwohl wir – im Gegensatz zu so manchem Clan – nicht kohortenweise Doktorhopping betreiben.«[14] Darüber hinaus würden die an ihn auf angelegtes Geld ausgezahlten Zinsen automatisch versteuert und – unter anderem – an Familien verteilt. Die renommierte US-Journalistin Elinor Burkett schildert in ihrem Buch *The Baby Boom*, wie kinderlose Arbeitnehmer gegenüber Eltern in Betrieben finanziell benachteiligt werden. Sie stört sich vor allem daran, dass immer neue Forderungen an nachwuchslose Menschen gestellt werden: »Jahrzehntelang haben wir ohne uns zu beschweren höhere Steuern gezahlt, um die Erziehung von Kindern zu finanzieren, die nicht unsere Kinder sind. Wir haben unseren Teil dazu beigetragen, dass armen Kindern ein Teil der Möglichkeiten gegeben werden kann, die die Kinder unserer Freunde als Geburtsrecht betrachten. Wir haben freiwillig an Wochenenden und in Schulferienzeiten gearbeitet, damit Eltern diese Zeit mit ihren Kindern verbringen können. Aber es ist immer noch nicht genug.«[15]

Das gegenseitige Vergleichen und Aufrechnen von Leistungen könnte man endlos fortsetzen. Mit geringem Nutzen. Denn – wie bereits angedeutet – je nach Gesinnungslage lässt sich in Bezug auf die fiskalische Bilanz eines Kindes so ziemlich alles behaupten. Sicher ist jedoch: Bekämen ab sofort wirklich all jene Frauen Kinder, denen man ihre Verweigerungshaltung vorwirft, wären zur umfassenden Unterstützung von Familien staatlicherseits auf Jahre kaum ausreichende finanzielle Mittel vorhanden. Weil Kinderreichtum eben nicht nur den Fortbestand eines Landes garantiert, sondern auch enorm hohe Kosten verursacht. Der »demografische GAU« kann demnach unter bestimmten Aspekten sogar zu einer Entlastung der Staatskassen führen. Finanzminister und Rentenversicherungsexperten wissen: Weniger Kinder bedeuten zwar weniger Beitragszahler, aber auch weniger Anspruchserwerber. Die obersten Kassenwarte lieben uns jedenfalls, ob sie wollen oder nicht. Sie hüten sich zwar davor, dies öffentlich kundzutun. Aber klammheimlich, in ihrem Büro über Akten gebeugt oder in der Kantine mit ihren scharf rechnenden Beamten an einem Tisch sitzend, denken sie vermutlich an uns. Voller Dankbarkeit. Das glauben Sie nicht? Niemand zwingt Sie dazu. Höchstwahrscheinlich handelt es sich bei der Frage nach den finanziellen Leistungen auf lange Sicht ohnehin um ein Nullsummenspiel – beide Seiten geben und nehmen, und zwar nicht zu knapp.

Prädikat: Gesellschaftlich wertvoll

Der Familienstand allein sagt nichts über die Leistung und den Wert eines Menschen aus • Kinderkriegen darf nicht zur Bürgerpflicht werden • Kinderlose suchen durchaus die Nähe zu Kindern • Kult ums Kind und Baby-Hype

Was haben der Papst, Robbie Williams, Marion Gräfin Dönhoff, Elton John, Max Schmeling, Mutter Teresa, George Clooney, Albert Schweitzer, Katherine Hepburn, Gabriele Münter, Angela Merkel, Erich Kästner, Alfred Biolek, Marilyn Monroe, Hape Kerkeling, Oprah Winfrey, Michelangelo und Elke Heidenreich gemeinsam? Sie sind (oder waren) kinderlos. Wie Millionen anderer Künstler, Sportler, Politiker, Wissenschaftler und eine Vielzahl von Menschen, die nie im Blickfeld der Öffentlichkeit stehen werden, auch. Nobelpreisträger, Nonnen und Nachtwächter, Mönche und Müllmänner, Sozialarbeiter und Straßenreiniger, Krankenpfleger und Kindergärtnerinnen, Ärzte und Arbeiter – unter ihnen befinden sich jede Menge Leute, die ihre Gene nicht weitergeben. Was wir damit sagen wollen: Kinderlose sind so wichtig und unwichtig für das Land wie Mütter und Väter – wie immer kommt es auf den Einzelnen an. Gesellschaftlich nützliches oder vorbildliches Verhalten lässt sich nicht daran messen, ob man für einen Erben gesorgt hat. Soziales Bewusstsein setzt keinesfalls Mutter- und Vaterschaft voraus. Trotz dieser unbestreitbaren Tatsache wird durch Äußerungen von Politikern und

Medienberichte immer wieder der Eindruck erweckt, als ob sich Familien mit mindestens einem Kind – unabhängig von ihrem tatsächlichen Verhalten – große Verdienste um die Menschheit (oder zumindest um ihr Vaterland) erwerben. Wer zeugt und gebärt, tut Gutes. Wer sich dem verweigert, ist grundsätzlich verdächtig.

Wir sind weit davon entfernt zu behaupten, Kinderlosigkeit sei die natürlichste Sache der Welt. Umgekehrt erwarten wir, dass man uns die angeblich natürlichste Sache der Welt, die Fortpflanzung, nicht vorschreibt. Doch wer weiß: Möglicherweise gibt es in nicht allzu ferner Zukunft in Deutschland einen Ministerpräsidenten, der ähnliches Gedankengut verbreitet wie Mike Rounds, der Gouverneur des US-Staates South Dakota. Dieser wacht persönlich über die Geburtenrate seines Zuständigkeitsgebietes und hat ein generelles Abtreibungsverbot durchgesetzt. »Das Leben des Kindes ist nicht der Willkür der Mutter auszusetzen, sondern untersteht dem Willen des Staatsvolkes«, betont Mr. Rounds bei jeder Gelegenheit. So weit ist es bei uns noch nicht – zum Glück. Aber der öffentliche Druck, der Vergreisung Deutschlands durch aktive Reproduktionstätigkeiten entgegenzuwirken, bleibt. Der Soziologe Franz-Xaver Kaufmann ist davon überzeugt, dass »die Sicherung ausreichenden Nachwuchses eine öffentliche Aufgabe« ist. Um Missverständnissen vorzubeugen: Wir bestreiten nicht, dass Kinder wichtig für die Zukunft sind. Wir erheben Kinderlosigkeit nicht in den Rang einer besseren Lebensform oder fordern gar kinderfreie Zonen – wie kämen wir dazu? Wir kritisieren nur, dass das Kinderkriegen oftmals per se als Leistung eingestuft wird, während das Kinderlosbleiben als unzulänglich gilt. Obwohl völlig klar ist, dass niemand Kinder bekommt nur um der Gesellschaft willen. Die Zeiten, in denen Bürger glaubten, einem Diktator zur Realisierung seiner Visionen Kinder schenken zu müssen, sind in Europa erfreulicherweise vorbei. Halten wir fest: Wer sich am Evolutionsprogramm zur Weitergabe der eigenen Gene beteiligen will, soll dies gerne tun. Wer nicht, eben nicht. Beide Wege haben ihre Berechtigung.

Kinderlosigkeit als Resultat ernsthafter Überlegungen, Abstinenz als Vorsorgemaßnahme. »Es besteht die begründbare Vermutung, die Zeugungsunlust junger Akademiker liege schlicht darin begründet, dass diese Menschen nachdenken und sich in grundsätzlichen Entscheidungen von ihrem Verstand leiten lassen«, meint der Philosoph und Buchautor Wolfram Eilenberger im Magazin *Cicero*. Da ist sicher etwas dran. Die meisten Kinderlosen machen sich über einen langen Zeitraum hinweg Gedanken, ob und wann Nachwuchs für sie einen Sinn ergibt. Sie sind sich der Verantwortung bewusst, die eigene Kinder bedeuten würden. Dass Kinder viel stärker als früher geplant, aufgeschoben, gewollt oder nach reiflicher Überlegung doch nicht gewollt werden, anstatt sie einfach so in die Welt zu setzen, muss man nicht gutheißen. Eines zeigt dieser Trend jedoch deutlich: Mit Verantwortungslosigkeit hat der Entschluss, mit dem Nachwuchs zu warten oder sich schließlich ganz gegen ihn zu entscheiden, nichts zu tun. Im Gegenteil. Dennoch werden wir Kinderlosen gerne als rücksichtslose, selbstsüchtige Einzelgänger hingestellt. »Sie neigen dazu, alles zu sein und alles haben zu wollen«, heißt es in der *Welt am Sonntag*.[1] Alles haben zu wollen? Nein. Eben nicht. Wir müssen nicht auch noch Kinder haben, wie manche Eltern, die möglicherweise nicht zuletzt deswegen in freudige Erregung geraten und verzückt Bauchwölbungen vorzeigen, weil sie ihrer Umwelt bald das selbst erschaffene Kunstwerk Kind präsentieren können. Nachkommen aus Prestigegründen zu zeugen, um sich selbst ins rechte Licht zu rücken, scheint die Hauptmotivation dieser Zeitgenossen zu sein (die glücklicherweise keine Mehrheit unter Eltern haben, sondern eher selten anzutreffen sind). Kein Wunder, wenn dann kleine Prinzessinnen und Prinzen herangezogen werden, die man natürlich nicht in schnöden Normalo-Kinderwagen durch den Stadtpark schiebt, sondern in Edelvarianten mit Metallspeichenrädern, speziellen Sicherheitsgurten und individuell verstärkten Rückenlehnen. Auch sonst wollen diese Papas und Mamas nur das Beste für ihre Töchter und Söhne: Kinderklamotten nach den neuesten Modetrends, Rundumüberwachung, Freizeitprogramm, Spezialernährung – alles nur vom Feinsten. Im März 2007 schreibt die *Bunte:* »Luxus für Kinder boomt.« Marken wie Dior, Tiffany oder Hermès produzieren Exklusives für die Kleinen. Wie wäre es mit dem Design-Hochstuhl »Calla« für 895 Euro? »Ums Kind in Deutschland wird ein beispielloser Kult betrieben«, stellt Jeanne Rubner in der *Süddeutschen Zeitung* fest.[2] Während Familien mit mehreren Kindern und einem Durchschnittseinkommen jeden Cent umdrehen müssen, werden Sprösslinge in betuchten Ein-Kind-Familien zum Symbolträger für den Wohlstand der Eltern. Vorzeigbares Familienleben ist zu einer Art Lifestyle geworden. Der postmoderne Baby-Hype in Zeiten scheinbar gravierenden Nachwuchsmangels hat inzwischen auch die so genannten People-Magazine erreicht. Waren es früher vorwiegend die biologischen Erbenbeschaffungsmaßnahmen in Königshäusern, die pseudo-journalistisch begleitet wurden, so werden heute großformatige Fotos aller verfügbaren schwangeren Prominenten platziert. Die tun was, schwingt unterschwellig mit. Die haben etwas, was immer weniger Menschen haben. Dahinter steckt natürlich keine Stimmungsmache gegen Kinderlose (wir leiden doch nicht unter Verfolgungswahn!), sondern Kalkül: Kleine Kinder sind immer gut für die Auflage und erfolgversprechendes Konsumentenködern.

»Die überbordende Familiendebatte führt anscheinend bei einem bestimmten, nicht notwendig schlecht situierten Elternsegment zu der Überzeugung, man habe mit dem bloßen In-die-Welt-Setzen von Nachwuchs genug Dankenswertes geleistet. Über das Benehmen ihrer Kinder, über den Interessenausgleich zwischen Buggy-Stellplätzen und freiem Durchgang im Treppenhaus kann man mit ihnen nicht reden, ohne sich dem Pauschalvorwurf der Kinderfeindlichkeit auszusetzen«, meint die Autorin Susanne Gaschke.[3] Es ist tatsächlich so: Wer sich der gesellschaftlichen Stimmungsmache entzieht und kinderlos bleibt, wird gelegentlich mit der Unterstellung konfrontiert, etwas gegen Kinder zu haben. Wohingegen Eltern, die glauben, mit der Produktion von Nachwuchs ihren Dienst an der Gesellschaft bereits ausreichend geleistet zu haben, sich so gut wie nie rechtfertigen müssen. Diese Schieflage ist umso ärgerlicher, als Studien regelmäßig beweisen, dass Kinderlose in der Regel bewusst die Nähe von Kindern suchen. In dem Buch *Lebensplanung ohne Kinder* stellen die Autorinnen fest: »Fast alle Interviewten – Frauen wie Männer – hatten ausgiebigen und regelmäßigen Kontakt zu den Kindern von Freunden, Geschwistern oder Partnern. Viele äußern dezidiert, dass sie bei den Kindern, die sie näher kennen, freiwillig die Rolle des ›Onkels‹ oder der ›Tante‹ ausüben, d.h. ausgesprochen gern einen Teil ihrer Zeit und Aufmerksamkeit auf Kinder verwenden.« Die Nähe zu Kindern empfänden sie als angenehm, würden aber das Ausmaß der Beziehungen selbst bestimmen wollen. Dass Kinder auf die Annäherung Kinderloser positiv reagieren, versteht sich von selbst. »Sie sind bei Kindern so begehrt in dieser Rolle, weil sie sich Zeit nehmen, auf die Probleme und Interessen der Kinder eingehen und nur geringe Anforderungen an die Kinder stellen. Die Befragten wissen selbst, dass sie diese Superrolle nur eine begrenzte Zeit aushalten, dass sie die Kinder, wenn sie anstrengend werden, wieder abgeben können.«[4]

Eigentlich sollte jedem klar sein: Ein Herz für Kinder können auch diejenigen haben, die keine Kinder haben. Die Psychologin Christine Carl bestätigt diesen Aspekt: »Viele kinderlose Frauen und Männer suchen auch explizit den Kontakt zu Kindern. Als Alternativen zu leiblichen Kindern pflegen kinderlose Frauen und Männer häufig sehr intensive Beziehungen zu Nachbarskindern, Nichten und Neffen, Patenkindern oder Kindern von Freunden und Freundinnen.« Es ist also höchste Zeit, mit dem Mythos der kinderinkompatiblen Kinderlosen aufzuräumen. Wir freuen uns durchaus über Nachwuchs – von Freunden, Kollegen oder Nachbarn. Die meisten von uns wissen, dass das Leben bunter und lebenswerter ist, wenn es sich nicht nur um einen selbst dreht. Deswegen sind viele Kinderlose für andere Menschen im Einsatz. Nicht nur als

Babysitter, Betreuer und Nachhilfelehrer. Die Journalistin Ursula Ott hat in einer Reportage für das Magazin *Chrismon* einige typische Beispiele für das stille Engagement von Kinderlosen zusammengetragen: »Da ist Michael, der kinderlose Musiker, dessen Bruder mit Mitte 40 gleichzeitig den Job verliert und von der Frau verlassen wird. Michael packt seine Sachen, zieht für ein halbes Jahr nach Frankfurt/Main und versorgt die beiden pubertierenden Neffen, bis der Bruder kommt. Michael, ein egoistischer Single?« Sie berichtet außerdem von einer kinderlosen Journalistin, die sich um ihre 80-jährige Tante kümmert, und fragt, ob diese in Anbetracht ihres Engagements als hedonistische Karriere-Tussi zu bezeichnen sei. Ott hat beobachtet: »Alle haben Eltern, für die sie Verantwortung tragen. Und mehr denn je kümmern sich Menschen freiwillig um andere, um Nachbarn, um Patenkinder, um Flüchtlinge, um Alte – noch nie waren so viele Deutsche ehrenamtlich engagiert. Wahlverwandtschaften, manchmal nur auf Zeit. Aber deshalb nur Familien zweiter Klasse?«[5] Gemeinschaftlicher Einsatz ist für viele Kinderlose eine selbstgewählte Aufgabe. Es gibt keinen Hinweis darauf, dass die vermeintlichen Egoisten weniger als andere Menschen Zeit und Geld für gute Zwecke aufwenden. Die vom Bundesfamilienministerium in Auftrag gegebene Trenderhebung »Freiwilliges Engagement in Deutschland 1999 bis 2004« macht in dieser Hinsicht keinen Unterschied. In der sozialstrukturellen Analyse »Wer spendet in Deutschland?« des Wissenschaftszentrums Berlin für Sozialforschung ist nachzulesen, dass es beim Ausmaß des Engagements – insgesamt üben durchschnittlich 30 bis 40 Prozent der Deutschen eine Form von ehrenamtlicher Tätigkeit aus – keine nennenswerten Differenzen zwischen Ein- und Zwei-Personenhaushalten einerseits und Familien andererseits gibt. Ob in Vereinen, Verbänden, Parteien, Initiativen, Gewerkschaften oder Kirchen – Kinderlose betätigen sich offenbar in gleichem Ausmaß unentgeltlich wie Eltern.

Kinderkriegen ist Privatsache. Nichtkinderkriegen auch. Das sollten jene Verlautbarungsmeister akzeptieren, die stets aufs Neue auf die gesellschaftliche Verantwortung zu sprechen kommen, die angeblich auf uns lastet. »Wer aber hat diese Pflicht zur Reproduktion festgelegt? Der liebe Gott?«, fragt Christian Rickens in seinem Bestseller *Die neuen Spießer*. Nur fürs Protokoll: Von einer Verpflichtung zum Zeugen oder Gebären ist im Grundgesetz nicht die Rede, vielmehr vom besonderen Schutz, unter dem Ehe und Familie stehen. Und vom Eigentum, das verpflichtet, und von dessen Gebrauch, der dem Wohle der Allgemeinheit dienen soll. Das »Wer ist wertvoller für die Gesellschaft?«-Spiel kennt keine Sieger.

Was in der Debattenhitze oft vergessen oder übersehen wird: Wir Kinderlosen haben auch Familie – Eltern und Großeltern, Schwestern und Brüder, Tanten und Onkel, Cousinen und Cousins, Nichten und Neffen. Und immer häufiger zählen wir zu unserem engsten vertrauten Kreis auch Menschen, die man im strengen Sinn nicht als Verwandte bezeichnet. Etiketten und Wortdefinitionen sagen ohnehin nichts über den wahren Wert von Verbindungen aus. Diese Beziehungen innerhalb moderner Familien- und Freundschaftsnetzwerke müssen nicht zwingend weniger herzlich, weniger verbindlich oder weniger ernsthaft sein als verwandtschaftliche Kontakte. Oft sind sie sogar tiefer und ehrlicher, weil sie auf freien Entscheidungen beruhen und sich nicht aus dem Familienstammbaum ergeben. Die Erweiterung der privaten Kreise basiert auf einer Entwicklung, die nicht auf Kinderlose beschränkt ist. Patchwork-Familien und andere moderne Formen des Zusammenlebens gibt es mittlerweile überall. Idealisieren sollte man diese Verbindungen nicht, aber sie können eine gleichwertige Alternative darstellen. Auch der Blick der Drei- oder Vier-Personen-Kernfamilie geht heutzutage über den eigenen Gartenzaun hinaus: Laut einer Studie des Allensbacher Instituts für Demoskopie rechnen immer mehr Deutsche nicht nur ihren Ehepartner und die eigenen Kinder zum engsten Umfeld, sondern auch Großeltern, Onkel, Tanten und andere Verwandte (unter denen sich garantiert auch einige Kinderlose befinden). Gut so. Und wie verhält es sich mit der Pflicht zur Fortpflanzung? Wenn es überhaupt eine Pflicht für jeden von uns, egal ob mit oder ohne Nachwuchs, gibt, dann die zur Mitmenschlichkeit, zur Achtung der Würde der Anderen. Was nun einmal nichts damit zu tun hat, ob man Single, Ehepartner, Mutter oder Vater ist. Welchen Wert jemand für die Gesellschaft hat, lässt sich jedenfalls nicht am Familienstand messen. Wann aber ist eine Person wertvoll für ihr Umfeld? Darüber kann man stundenlang diskutieren und zu völlig unterschiedlichen Ergebnissen kommen. Und solange Eltern nicht als Retter des Vaterlands glorifiziert und Kinderlose als »Staatsfeinde« betrachtet werden, ist das auch völlig in Ordnung.

Heuchelei in Politik und Wirtschaft

WARUM REGIERUNG UND UNTERNEHMEN AM GEBURTEN-
RÜCKGANG NICHT GANZ UNSCHULDIG SIND • GENERATION
PRAKTIKUM • DER WIDERSPRUCH ZWISCHEN KONSUM-
UND ZEUGUNGSAUFRUFEN • BERUFSTÄTIGKEIT UND
ELTERNSCHAFT LASSEN SICH SCHWER VEREINBAREN

»Wir nehmen uns heraus, junge Akademiker nach dem
Studium praktisch umsonst und ohne soziale Sicherung
arbeiten zu lassen – und erwarten, dass sie Kinder kriegen? Das finde ich ziemlich vermessen«, sagt Marie-Luise
Lewicki, Chefredakteurin des Magazins *Eltern*[1]. Recht hat
sie. Von Politikern, die landauf landab das Klagelied von
sinkenden Geburtenraten anstimmen und von Publizisten,
die sich über die Enthaltsamkeit der Kinderlosen entrüs-
ten, würde man sich eine ähnliche Klarsicht wünschen.
Nicht zuletzt, da viele von ihnen an der monierten Entwicklung nicht ganz unbeteiligt sind. Es ist schon paradox:
Seit etwa 15 Jahren halten Regierungschefs, Unternehmer
und Ökonomen dem deutschen Volk neoliberale Predig-
ten. Sie ermutigen uns, aufgeschlossen gegenüber den vermeintlichen Notwendigkeiten des globalisierten Kapitalismus zu sein. Sie fordern Flexibilität, Anpassungsfähigkeit
und Mobilität. Sie regen an, sich von Traditionen zu verab-
schieden, Risiken einzugehen und mehr Eigenverantwor-
tung zu übernehmen. Sie referieren über Investitionen,
Standortvorgaben und Gewinnmaximierung und strei-
chen Worte wie Solidarität, Gerechtigkeit und Aufrichtig-

keit aus ihrem Vokabular. Gleichzeitig reduzieren sie Schritt für Schritt staatliche Leistungen und bauen Arbeitnehmerrechte ab. Die Hohepriester des weltweiten Wettbewerbs stellen mittlerweile alles infrage, was in den Preis von Produkten einfließt: Löhne, Sicherheitsstandards, Umweltauflagen, Sozialleistungen. Selbstverständlich geschieht der Um- bzw. Abbau des Sozialstaates offiziell nur zum Wohle eines wettbewerbsfähigen, schuldenfreien Staates, also zu unserem eigenen Wohl. Dies zumindest will man uns seit Jahren glauben machen. Die Folgen sind bekannt: Rekordunternehmensgewinne, Rekordentlassungen, Rekordarbeitslosigkeit, Rekordstaatsverschuldung, Rekordminusgeburtenraten. Und wir, die Generationen der in den 60er und 70er Jahren und danach Geborenen? Wir entsprechen mehrheitlich exakt jenen Vorgaben, die man uns gemacht hat. Wir sind flexibel, anpassungsfähig, innovationsfreudig und mobil. Wir fügen uns unbefriedigenden Arbeits- und Vertragsbedingungen und lassen uns immer wieder belehren, wie wichtig Ehrgeiz, Durchsetzungsvermögen und Leistungsstärke seien. Wir rechnen mit allem und verlassen uns oft gerade noch auf uns selbst. Das hat Folgen.

»Die Erfahrung zunehmender Unsicherheit beim Eintritt in den Arbeitsmarkt lässt die Jugend vor langfristig bindenden Entscheidungen im privaten Bereich zurückschrecken«, meint der Bamberger Soziologieprofessor Hans-Peter Blossfeld.[2] Sich ein halbwegs planbares, sicheres Leben inklusive Nachkommen aufbauen zu können, war für unsere Eltern meistenteils leicht. Unsere Generation hingegen hat Zweifel an dem, was auf sie zukommt, und zeigt sich verunsichert, ob es in Rationalisierungs-,

Hartz 4-, Billiglohn- und Klimakatastrophenzeiten wirklich klug ist, Kinder in die Welt zu setzen. Eine im Jahr 2006 veröffentlichte Langzeitstudie der Universität Bielefeld zur sozialen Lage in Deutschland ergab, dass die Angst vor Arbeitslosigkeit und einer Verschlechterung der individuellen wirtschaftlichen Situation in den vergangenen Jahren erheblich zugenommen hat. Dies betrifft nicht nur die so genannte Unterschicht, sondern auch 40 Prozent der Befragten in mittleren Soziallagen und sogar ein Viertel in gehobenen Positionen. Eine der Folgen: Viele von uns warten erstmal ab. Werden älter, verschieben die Nachwuchs-Entscheidung. Tja. Pech für Deutschland. Wundern sollte sich niemand darüber. Schließlich haben Helmut Kohl, Gerhard Schröder, Angela Merkel, ihre jeweiligen Regierungen sowie großsprecherische Wirtschaftsfunktionäre, Jubelmarktwirtschaftler und blauäugige Medienvertreter einen nicht unerheblichen Anteil an der ach so misslichen Lage.

Plötzlich will's keiner gewesen sein. Jahrelang hat man uns eingebläut, dass wir uns weder auf gesicherte Jobs noch auf staatliche Unterstützung verlassen sollen. Dass es notwendig sei, sich im Beruf durchzusetzen, stets Weiterbildung zu betreiben und fürs Alter selbst vorzusorgen. Moderne Zeiten, so hieß es, erforderten moderne, motivierte Menschen. Politiker und Wirtschaftsführer betonen auch heute noch bei jeder Gelegenheit, dass der Sozialstaat nicht mehr finanzierbar sei und die Zukunft Deutschlands auf dem Spiel stehe. Prima Klima fürs Kinderkriegen. Soziologen beobachten ein Konglomerat aus Angst, Unsicherheit und Machtlosigkeit, das von wachsender Orientierungslosigkeit begleitet wird. Dennoch ergibt sich immer wieder das gleiche Bild: Sobald der Konsum um wenige Prozentpunkte zurückgeht, stöhnt die ganze Republik und führende Regierungsmitglieder rufen zum kollektiven Shopping auf. »Konsum ist erste Bürgerpflicht«, heißt es passenderweise in einem Artikel in der *Financial Times Deutschland*.[3] Darüber hinaus gilt: Mein Haus, meine Yacht, mein Sportwagen – in Teilen der Bevölkerung zählt primär Besitz und verschafft anscheinend Anerkennung. »In einem kulturellen Umfeld, das materiellem Wohlstand hohe Bedeutung zumisst, wirkt die wirtschaftliche Belastung durch Kinder und die damit verbundene Einschränkung der Erwerbsmöglichkeiten für viele abschreckend«, meint der Soziologe Franz-Xaver Kaufmann.[4] Wieso ist man dann in der Folge erstaunt und empört, wenn junge Leute zunächst an eine berufliche Absicherung oder die Erfüllung materieller Wünsche und erst später an Kinder denken? Warum zeigt man sich überrascht angesichts immer mehr Singles, denen zur Partnersuche wegen des Anhäufens von Überstunden oft die Zeit fehlt? Warum vermisst man neuerdings Werte, für die sich zuvor niemand ernsthaft eingesetzt hat?

Altbundeskanzler Helmut Kohl, der Mitte der 80er Jahre eine »geistig-moralische Wende« beschwor, ebnete – in ganz anderer Hinsicht als von seinen PR-Strategen zunächst vorgesehen – tatsächlich die Grundlage für einen gesellschaftlichen Wandel. Sein Motto: Den Anforderungen des globalen Marktes und der deutschen Wirtschaft im Besonderen sollten soziale Belange untergeordnet werden. Dies, davon zeigten sich die damalige Unions-/FDP-Regierung (und ihre rot-grünen sowie großkoalitionären Nachfolger) überzeugt, würde letztlich allen Bürgern zugutekommen. Das Ergebnis kennen wir. Heute sind die

Ansprüche an das Volk höchst widersprüchlich: Wir sollen kräftig konsumieren und fleißig Familien gründen. Alle paar Jahre neue Autos und teure Elektroartikel anschaffen, aber auch immer mehr soziale Aufgaben privat übernehmen. Durch Festanstellungen Renten sichern, andererseits die Sozialkassen durch Selbstständigkeit entlasten und uns um eine individuelle Altersvorsorge kümmern. Mehr lernen und leisten, aber auch mehr bezahlen für Schulen, Universitäten, Bibliotheken.»Politiker und Unternehmer, die wirklich Angst vor der demografischen Entwicklung haben, müssten im Bildungsbereich klotzen und nicht kleckern. Geradezu aberwitzig sind Klagen über zukünftigen Facharbeitermangel, angesichts des massiven Abbaus von Ausbildungsplätzen«, meint Professor Gerd Bosbach.[5] Im Jahr 2006 blieben deutschlandweit knapp 50 000 Bewerber ohne Ausbildungsvertrag – ein bitterer Rekord. Zwar hat sich die Lage mittlerweile etwas entspannt, doch noch immer haben zu viele Jugendliche keine Aussicht auf eine Lehrstelle. Das Geschrei über die Babyflaute reißt nicht ab, während gleichzeitig die politischen und ökonomischen Rahmenbedingungen weiter verschärft werden. Zugegeben: Nicht jeder verschobene Kinderwunsch kann allein mit den genannten Umständen erklärt werden. Doch es ist bezeichnend, wie wenig manchmal darüber nachgedacht wird, dass das eine möglicherweise mit dem anderen zusammenhängt.

Die Arbeitswelt hat sich radikal verändert. Überall agieren Praktikanten, Mehrfach- und Minijobber, Honorarkräfte und Subunternehmer. Gut für die Wirtschaft, schlecht für Arbeitnehmer. Die »Generation Praktikum«, wie *Der Spiegel* schreibt, hat zwar eine gute Ausbildung, aber keinerlei Garantie für ein abgesichertes Erwerbsleben. Auf der Basis von Zeitverträgen lässt sich nun einmal keine Familienplanung verwirklichen. 1994 gab es 100 000 Leiharbeitsplätze, heute sind es mehr als 650 000. Leiharbeiter verdienen in gleichen Jobs deutlich weniger als ihre festangestellten Kollegen – kein Wunder, dass sie so gern gebucht werden. Mittlerweile starten immer mehr Konzerne Leiharbeiterauktionen übers Internet, die Firma mit dem niedrigsten Angebot erhält den Zuschlag. Die Zahl der Teilzeitbeschäftigten hat sich innerhalb von zehn Jahren fast verdoppelt, die Anzahl an Jobs mit befristeten Verträgen ist im gleichen Zeitraum um 25 Prozent gestiegen. Im Jahr 2004 haben sich doppelt so viele Praktikanten mit Hochschulabschluss als arbeitssuchend gemeldet wie 1999. Hans-Peter Blossfeld, der diese Veränderungen in dem internationalen Forschungsprojekt »Globalife« untersucht hat, zieht folgendes Resümee: »Junge Menschen müssen weitaus flexibler sein als noch vor wenigen Jahren und bleiben länger finanziell abhängig. Diese unsichere Situation beeinflusst unter anderem die Bereitschaft, langfristige Bindungen einzugehen, zu heiraten oder eine Familie zu gründen. Häufig wird eine Entscheidung hierfür aufgeschoben oder sogar völlig aufgegeben – mit entsprechend negativen Auswirkungen für die Geburtenrate in den jeweiligen Staaten.«[6] Wer den Forderungen nach Flexibilität und Mobilität nachkommt, hat Schwierigkeiten, privat langfristige Pläne zu verwirklichen. Dies sollte die verantwortlichen Politiker nicht in künstliches Erstaunen versetzen. Den Arbeitsplatz und somit auch den Wohnort häufig zu wechseln gilt mittlerweile als normal. Wie sollen in dieser Lage stabile Beziehungen entstehen? Der amerikanische Soziologe Richard Sennett beschreibt in seinem klugen Buch *Der flexible Mensch* die gesellschaftlichen und sozialen Risiken der neuen Formen der Arbeitszeitorganisation. »Es ist die Zeitdimension des neuen Kapitalismus, mehr als die Hightech-Daten oder der globale Markt, die das Gefühlsleben der Menschen außerhalb des Arbeitsplatzes am tiefsten berührt. Auf die Familie übertragen bedeuten diese Werte einer flexiblen Gesellschaft: bleib in Bewegung, geh keine Bindungen ein und bring keine Opfer«, so Sennett. Soziale Bindungen entstünden am elementarsten aus einem Gefühl gegenseitiger Abhängigkeit. Nach den Losungen der neuen Ordnung sei Abhängigkeit jedoch eine Sünde.[7] Halten wir fest: Viele Menschen zwischen 25 und 45 haben wohl auch deswegen keine Kinder, weil sie die Rahmenbedingungen der neuen Arbeitswelt als unsicher einstufen und es ihnen schwerfällt, Zuversicht zu entwickeln.

Sonderbare Zweigleisigkeit. Einerseits betonen Minister und Manager, dass alles in unserem Leben effizient sein müsse. Was sich nicht rechne, sei nicht gut. Was nicht nach McKinsey- und Roland Berger-Maßstäben umstrukturiert und rentabel gemacht werde, habe keine Existenzberechtigung. Schwimmbäder und Seniorenheime, Gefängnisse und Gemeinden, Theater und Turnhallen – alle sollen Gewinne abwerfen, sonst müssen sie dichtmachen. Der Journalist und Buchautor Dirk Kurbjuweit spricht in diesem Zusammenhang von der »Diktatur der Ökonomie«.[8] Eigentlich erstaunlich, dass Effizienzexperten ohne moralische Werte noch nicht angeregt haben, Kinder abzuschaffen. Schließlich bedeutet der Nachwuchs für seine Erzeuger doch zunächst einmal nur Kosten und Zeitaufwand. Im

Jargon von Unternehmensberatern: eine ökonomische Katastrophe. Vermutlich ist dies in einschlägigen Kreisen nur noch nicht thematisiert worden, weil man die Einsatzmöglichkeiten eines (herangewachsenen und reifen) Menschen als billiges Humankapital durchaus zu schätzen weiß. Zumindest bis zur nächsten Entlassungswelle.

Angesichts zunehmender Fortpflanzungsverweigerung vollziehen Radikalreformer seit einiger Zeit eine Propaganda-Wende: Menschlichkeit und Mütterlichkeit müssten her, neben Kauflust vermehrter Kinderwunsch. Was denn nun? Schrankenlose Konsumgesellschaft oder sozial verträglicher Kinderreichtum? Beides ist schwierig zu vereinbaren, wie sich zeigt. Mittlerweile werden junge Frauen und Männer gezwungen, ihr komplettes Arbeitleben in die Zeit zwischen 25 und 45 Jahren zu packen. »In dieser heißen Phase des Lebens konkurrieren Ende der Ausbildung, Einstieg ins Berufsleben, erstes Profilieren im Beruf unter unsicheren Arbeitsplatzbedingungen, Partnerfindung und Familiengründung um die rare Ressource Zeit. Gerade für Frauen ist das Zeitfenster für Nachwuchs aus biologischen Gründen begrenzt. Unsicherheit ist aber soziales Gift für eine Generation, die jetzt Kinder bekommen sollte«, meint Reiner Klingholz vom Berlin-Institut für Bevölkerung und Entwicklung. Erst keine Zeit und (zu)viel Arbeit. Später, als Rentner, genug Zeit, aber keine Kinder. Der SZ-Redakteur Heribert Prantl hält den Geburtenrückgang unter anderem für eine logische Konsequenz dieser Entwicklung. Seine These: Der von Teilen der Politik und Wirtschaft gewünschte »neue« Mensch setze Prioritäten jenseits von Solidarität und Mitmenschlichkeit: »Er ist ein Mensch ohne Kinder, ohne Familie und ohne soziale Be-

106

ziehungen. Überhaupt: Kinder sind aus dem Arbeitsleben ausradiert, als gäbe es sie nicht, und sie sind dort ein Handicap für die, die sie haben. Erst als ausgebildete Arbeitskräfte richtet sich das Interesse auf sie – allerdings nur, wenn sie den Wünschen und Anforderungen des Arbeitsmarktes entsprechen«, so Prantl.[9] Viele Wirtschaftsinstitute und Wirtschaftsprofessoren verlangten den »Homo faber novus mobilis«, einen Menschen, der über seine Grenzen und Behinderungen hinauswachse.

Zwar haben alle Beteiligten schon vor Jahren erkannt, dass zur Vereinbarkeit von Familie und Arbeitswelt große Strukturveränderungen erforderlich sind. Erfolge sind jedoch nur in einzelnen engagierten Unternehmen zu verzeichnen. Die vom Bundesfamilienministerium 2003 gegründete »Allianz für die Familie« und die nachfolgende Initiative »Erfolgsfaktor Familie. Unternehmen gewinnen« konnten allen Verbaloffensiven zum Trotz noch kein übergreifendes Bewusstsein für Änderungen schaffen. Obwohl die Bundesregierung bereits Anfang 2007 in Presseanzeigen behauptete, »es geht voran in Deutschland. Neue Chancen für Familien«, bleibt es in vielen Fällen bei unverbindlichen Absichtserklärungen. Allerorten Lippenbekenntnisse, ein hohes Maß an Heuchelei und wenig Konkretes. Arbeitgeberpräsident Dieter Hundt plädiert seit Jahren ebenso häufig für eine familienfreundliche Personalpolitik in Unternehmen wie für den Abbau von Sozialleistungen – er ist einer der aussichtsreichsten Anwärter für den Titel des Heuchlers des Jahres. Dass man mit hohen Sozialstandards durchaus hohe Gewinne erzielen kann, zeigen die vom Forum Zukunftsökonomie für den »Preis der Arbeit 2006« nominierten Unternehmen, darunter Weleda und Alfred Ritter. Ausgezeichnet wurden Faber-Castell und die Elektrizitätswerke Schönau. Sie sind Ausnahmen von der offensichtlich unbelehrbaren Mehrheit. In einer Studie der Bundeszentrale für gesundheitliche Aufklärung verneinten fast 50 Prozent der befragten Mütter und Väter, dass es von Seiten ihres Arbeitgebers Verständnis und tatsächliches Entgegenkommen gäbe. Von einer generell guten Vereinbarkeit von Beruf und Familie scheint die deutsche Arbeitswelt tatsächlich meilenweit entfernt zu sein. Wie die *Hart aber fair*-Redaktion des WDR-Fernsehens berichtet, müssen sich manche berufstätigen Frauen von ihren Chefs noch immer beleidigende Sprüche anhören. Dazu zählen offenbar auch folgende Formulierungen[10]:

>»Sie wollen doch keine Kinder, oder?«
>»Ich gehe davon aus, dass ihre Familienplanung abgeschlossen ist.«
>»Wie wollen Sie denn hier mit einem Kind Karriere machen?«
>»Ich hoffe, Ihr Arbeitsplatz bleibt das Wichtigste für Sie.«
>»Sie sind schwanger? Kann man denn da nichts machen?«

Kann man es Frauen verübeln, wenn sie sich unter diesen Bedingungen mit dem Kinderkriegen Zeit lassen bzw. es grundsätzlich in Frage stellen? Wohl kaum. Obwohl die in diesem Kapitel genannten Zusammenhänge und Widersprüchlichkeiten den Verantwortlichen bekannt sein dürften, ist eine Wende kaum in Sicht. Geredet wird viel, auch gefordert und versprochen. Aber getan wird relativ wenig. Wer immer größere Löcher ins soziale Netz reißt, die Anforderungen an Arbeitnehmer drastisch erhöht und in Kauf nimmt, dass die Patchwork-Biografie zur Regel wird, sollte sich Zeugungs- und Gebäraufrufe oder kritische Kommentare zur Kinderlosigkeit verkneifen. Oder einfach etwas dagegen unternehmen. Nach bisherigem Stand ist das Gegenteil der Fall. Als gutes Beispiel kann in diesem Zusammenhang die seit einigen Jahren von zahlreichen Spitzenpolitikern forcierte Ausweitung des Ladenschlusses dienen: Einkaufen rund um die Uhr, das erscheint vielen Bürgern zunächst verlockend und verspricht Wählerstimmen. Das Institut für Weltwirtschaft erwartet sich von einer weiteren Flexibilisierung der Ladenöffnungszeiten sogar eine bessere Vereinbarkeit von Berufstätigkeit und Mutterrolle. Flexibilität bei der Arbeit kann Familien grundsätzlich nützen, keine Frage. Aber: Dass 70 Prozent der Angestellten im Einzelhandel Frauen sind, viele von ihnen ohnehin schon bis mindestens 20 Uhr und am Wochenende arbeiten und verlängerte Arbeitszeiten sowie Schichtdienste kaum ein geregeltes Familienleben zulassen, scheint sich noch nicht herumgesprochen zu haben. Möglich, dass manche Gewohnheitsheuchler sich um Kausalzusammenhänge grundsätzlich nicht scheren. Dies würde zumindest ihr Verhalten erklären.

Frauen zurück in die Zukunft – und die Männer?

DIE DEBATTE KONZENTRIERT SICH EINSEITIG AUF FRAUEN • GLEICHBERECHTIGUNG IM HAUSHALT UND BEI DER KINDERBETREUUNG FEHLANZEIGE • ALTE ROLLENBILDER • DAS NEUE ELTERNGELD • VORBILDLICHE FAMILIENPOLITIK IM AUSLAND

Zum Kinderkriegen gehören zwei. Das ist bekannt, aber offenbar muss es immer wieder laut und deutlich wiederholt werden. Denn wenn von der drohenden Demografie-Apokalypse die Rede ist, stehen meist die Frauen im Mittelpunkt der Berichterstattung. Frauen, die angeblich nichts mehr mit Wiegen und Windeln zu tun haben wollen, sondern sich lieber Aktienkursen und Anlagestrategien widmen. Frauen, die sich – so heißt es – von ihren natürlichen Fortpflanzungsaufgaben entfernt haben. Eine stimmungsmachende Mehrheit ist anscheinend nach wie vor der Ansicht, dass es vor allem an den Frauen liegt, wenn die Geburtenzahlen kontinuierlich sinken. »Deutschland schrumpft und ergraut, überall fehlt der Nachwuchs, denn immer mehr Frauen verzichten auf Mutterglück und Mutterstress«, heißt es in der SWR-Sendung »Deutschland im Gebärstreik«. Der Bayerische Rundfunk berichtet auf seiner Homepage über »Akademikerinnen im Gebärstreik«. »Der Leistungswille der Frau lässt die Freude an Kindern in ihrer Seele vertrocknen«, schreibt der Arzt Holger Flöttmann in der *FAZ*.[1] Und die Männer? Haben mit sinkenden Geburtenzahlen offenbar nicht allzu viel zu tun. Wer keine

Gebärmutter hat, kann schließlich keine Kinder zur Welt bringen und folglich auch nicht schuld sein an der niedrigen Geburtenrate, oder? Das Deutsche Institut für Wirtschaftsforschung stellt ironisch fest: »Nach dem immer noch weit verbreiteten Rollenverständnis sind Frauen für Kinder zuständig – und daher wohl auch für Kinderlosigkeit.«[2] In ihrem Buch *Der Zeugungsstreik* schreibt Meike Dinklage über die schiefe Wahrnehmung: »Es sind die kinderlosen Frauen, die in der öffentlichen Diskussion für den Geburtenrückgang verantwortlich gemacht werden, nicht die Männer ohne Kind.« Auch die meisten Wissenschaftler konzentrierten sich bei diesem Thema bis vor wenigen Jahren auf das Verhalten und die Einstellung von Frauen. Der Einfluss der Männer auf die K-Frage und die daraus resultierenden gesellschaftlichen Folgen schienen unerheblich – eine grobe Fehleinschätzung. »Das Problem ist nicht die Frau, die für ein paar Jahre an den Herd drängt, das Problem sind eher die Väter, die sich dort selten oder gar nicht blicken lassen«, notiert Christine Brinck in der *Süddeutschen Zeitung*. Bei näherer Betrachtung ergibt sich ein erstaunliches Bild: Etwa jeder vierte 45- bis 50-jährige Mann ist schon heute kinderlos, bei den Frauen gleichen Alters sind es hingegen nur halb so viele. Sogar dann, wenn man Spät(er)zeuger wie Franz Beckenbauer oder Sky Du Mont berücksichtigt, die sich noch im Rentenalter für vaterwürdig halten (und sich in den Boulevardmedien für ihren Zeugungsmut feiern lassen), bleiben Männer ohne Nachwuchs in der Überzahl. Eine im Jahr 2006 vom Max-Planck-Institut (MPI) für demografische Forschung in Rostock vorgestellte Untersuchung zeigt, dass Männer eher als Frauen die Elternschaft scheuen. Darin gaben 15 Prozent der deutschen Frauen an, kinderlos bleiben zu wollen, wohingegen sich 23 Prozent der Männer ähnlich äußerten.

Geschlechtsspezifische Unterschiede. 77 Prozent der kinderlosen Frauen sind erwerbstätig. Sogar 63 Prozent der Mütter mit einem oder mehreren Kindern verdienen regelmäßig eigenes Geld, meist in Teilzeitjobs.[3] Die Frauen von heute sind, das belegen statistische Daten zweifelsfrei, im Durchschnitt unabhängiger, besser ausgebildet und beruflich engagierter als die Generation ihrer Mütter. Vor 30 Jahren besuchte nur etwa ein Viertel der Frauen eine Hochschule oder Universität, heute sind mehr als die Hälfte der Studienanfänger Frauen. Das Bundesbildungs- und -forschungsministerium veröffentlicht absolute Zahlen: Mehr als 900 000 Frauen sind demnach an den deutschen Universitäten und Fachhochschulen immatrikuliert, fast doppelt so viele wie vor 20 Jahren. Erfolgsgeschichte Emanzipation. Der Haken an der Sache: Während sich ein großer Teil der deutschen Frauen in den vergangenen Jahrzehnten deutlich weiterentwickelt hat, haben sich die meisten Männer kaum vom Fleck bewegt. »Die Männer sind geblieben, was sie waren. Gemessen an den Frauen sind sie nun unvollständige, sozusagen halbe Wesen. Sie müssen ganz werden«, meint der Psychoanalytiker Horst-Eberhard Richter.[4] Zu tun gäbe es einiges. Nur 0,2 Prozent der in Anspruch genommenen Elternzeiten im ersten und zweiten Lebensjahr eines Babys übernehmen Männer in Alleinregie. Gerade einmal knapp fünf Prozent der deutschen Männer sind länger als ein paar Monate als Hausmann aktiv. Das sind zwar dreimal so viele wie vor fünf Jahren, doch 88 Prozent der Familienväter arbeiten noch immer Vollzeit, ähnlich wie ihre Väter und Großväter. 86 Prozent der deutschen Frauen meinen, dass ihre Hausarbeit vom Partner nicht genügend anerkannt wird, wie eine Umfrage des Instituts für Demoskopie Allensbach ergab. Zahlen, die für sich sprechen. Und Frauen nicht unbedingt Lust machen auf eine traditionelle Kleinfamilie. Gewandelt hat sich bei den meisten Herren der Schöpfung dennoch etwas: das Bewusstsein, mehr jedoch nicht.

In Meinungsumfragen betonen Männer mehrheitlich immer wieder, wie positiv sie dem verstärkten weiblichen Engagement im Berufsleben gegenüberstehen. Ähnlich verhält es sich mit der Beurteilung der um durchschnittlich zehn bis 40 Prozent niedrigeren Bezahlung von Frauen (bei exakt gleicher Arbeitsleistung!): Dieser Umstand sei durchaus ungerecht, räumen Männer gerne ein. Aber ändern ließe er sich – leider, leider – nicht von heute auf morgen.

Und wie steht es mit Kinderbetreuung und Haushaltsführung? Hat man sich für Kinder entschieden, gesellt sich zur Freude und zum Stolz die Erwartungshaltung, dass sich die Partnerin schon um den Nachwuchs kümmern werde. Was oft voraussetzt, dass sie im Beruf zurückstecken muss. Zwar gilt theoretisch: Karriere machen dürfen Frauen durchaus, aber gleichzeitig erwartet man von ihnen, dass sie darüber nicht ihre Mutterrolle samt Haushaltspflichten vernachlässigen. Nach Zeitbudget-Untersuchungen des Statistischen Bundesamtes verbringen Väter, verglichen mit kinderlosen Männern, in einer Paarbeziehung zusätzlich nur sechs Minuten pro Tag mit Hausarbeit. Achtzig Prozent der gesamten Haushalts- und Fürsorgearbeit in Familien leisten nach wie vor Frauen.[5] Der Soziologe Ulrich Beck hat für dieses widersprüchliche männliche Verhalten die treffliche Formulierung von der »verbalen Aufgeschlossenheit bei weitgehender Verhaltensstarre« gefunden. Alice Schwarzer bringt die Problematik auf den Punkt: »Es geht darum, dass Frauen weiterhin den Löwenanteil der Haus- und Kinderarbeit schultern – dafür werden sie in Wechselbäder aus schlechtem Gewissen und besserem Geschlecht gesteckt – und gleichzeitig Zuarbeit im Beruf leisten, ohne den Herren zur ernsthaften Konkurrenz zu werden, versteht sich! Und in der Tat: Die Zahl der Teilzeit arbeitenden Frauen steigt.«[6] Wie das Statistische Bundesamt vorrechnet, hat sich zwischen 1996 und 2003 gleichzeitig die Zahl der Vollzeit arbeitenden Mütter deutlich verringert. So richtig recht machen können es Frauen ohnehin niemandem. Verzichten sie auf Kinder, gelten sie als karrieresüchtig. Arbeiten sie trotz Kindern, nennt man sie Rabenmütter. Bleiben sie beim Nachwuchs zu Hause, werden sie als rückständige Glucken betrachtet. Geben sie ihre Kids frühzeitig in Krippen, gelten sie als verantwortungslos. Männer haben es da leichter. Oder doch nicht? Nicht selten gelten sie als die eigentlichen Opfer in diesen modernen, kinderarmen Zeiten.

»Nie in der Menschheitsgeschichte haben die Männer freiwillig Hausarbeiten verrichtet oder Kinder aufgezogen, aufgrund ihrer Veranlagungen sind sie auch nicht dafür vorgesehen«, behauptet Eva Herman[7], die Schutzpatronin des Mannes von vorgestern. Dass Frauen und Männer nun einmal unumstößliche, klar definierte Rollen einzunehmen haben, suggeriert Frank Schirrmacher in wohlklingenden Worten altbackenen Inhalts: »Die evolutionär-biologische Programmierung der Männer wie der Frauen erfüllt für die Gemeinschaft einen bestimmten Zweck.«[8]

Soll heißen: So, wie es früher einmal war, ist es weiterhin gut und richtig. Veränderungen durch sozialen Fortschritt und Selbstverwirklichung? Pures Gift für die Gesellschaft. »Werden Männer trotzdem in die Pflicht genommen, bedeutet dies meist eine Verunsicherung ihrer Identität, die psychische Probleme aufwerfen kann. Deshalb ist es eine gefährliche Entwicklung, wenn wir mit neu geschaffenen Gesetzen Männer zur Betreuung und zum Aufziehen ihrer Kinder zwingen wollen« – diese bemerkenswerten Sätze sind keine Satire. Eva Herman hat sie allen Ernstes in Druck geben lassen. Die Sorge um Männer (und vor allem um Väter) ist jedoch völlig unbegründet. »Willkommen in den 50er und 60er Jahren!« könnte das Motto lauten, das über der von vielen Eheleuten praktizierten Arbeitsteilung steht. Der Regelfall in deutschen Familien sieht nämlich so aus: Papa macht Überstunden im Büro, Mama kümmert sich um Kind und Haushalt – und absolviert zusätzlich einen Teilzeitjob (was der einzigen wirklichen Neuerung im vergangenen Jahrzehnt entspricht). Dass Mann und Frau sich gleichberechtigt um die anfallenden Arbeiten kümmern – Fehlanzeige. Die Familienforscherin Waltraud Cornelißen stellt fest: »Während das traditionelle Ernährermodell an Anziehungskraft verliert, setzt sich das Zwei-Ernährermodell im Westen Deutschlands nur begrenzt durch. Favorisiert wird heute in West- wie Ostdeutschland nach einer von der Mutter genommenen Elternzeit das modernisierte Ernährermodell.« Mann Vollzeit, Frau Teilzeit. Mann Feierabendpapa, Frau Vollzeitmama. Man muss kein Prophet sein, um vorherzusehen, dass sich die Fortpflanzungsbereitschaft bei kinderlosen Frauen mit Berufswunsch angesichts dieser Aussichten auch weiterhin in

Grenzen halten dürfte. Reiner Klingholz, der Direktor des Berlin-Instituts für Bevölkerung und Entwicklung, meint: Schuld an der niedrigen Geburtenziffer sei »nicht Modernität, sondern Traditionalismus der Geschlechterrollen«.[9] In Ländern, in denen der Staat die Vereinbarkeit von Kind und Beruf fördert und viele Frauen erwerbstätig sind, werden erheblich mehr Babys geboren. »In Deutschland dagegen wird vorrangig die Betreuung von Kindern innerhalb der Familie unterstützt. In der Förderung des Hausfrauenmodells ist Deutschland Spitze«, sagt die Soziologin Michaela Kreyenfeld vom MPI.[10]

Besonders deutlich wird das alte Rollenmuster in Beziehungen spätestens dann, wenn Nachwuchs ansteht. Kaum ist das Kind da, verändert sich bei den meisten Paaren schlagartig die Rollen- und Aufgabenverteilung. »Ein verblüffendes Phänomen«, stellt der *FOCUS* fest und erläutert: »Die meisten Frauen ohne Kinder leben egalitäre Partnerschaften. Sie gehen arbeiten, teilen sich den Haushalt. Mit den Geburten ihrer Söhne aber wählt die große Mehrheit das Modell der 50er Jahre: Mutti bleibt zu Hause, erst mal zumindest. Vati schafft, mehr denn je.« Im Einzelfall mag dies die richtige Lösung sein. Gesamtgesellschaftlich betrachtet kann es indessen so nicht weitergehen. Moderne Familienpolitik bedeutet, endlich das Leitbild vom männlichen Alleinverdiener aufzugeben und eine bessere Infrastruktur für Kinder und Familien zu schaffen.

Veränderungen sind dringend nötig. Solange Hausmänner von Vätern, Kumpels, Ex-Kollegen und Schwiegereltern als Weicheier oder Versager betrachtet werden und doppelt belastete Frauen mit Kind und stressigem Nebenjob sich widerstandslos in ihre Rolle fügen, herrscht

Stillstand. Solange Akademiker gerne unter ihrem Bildungsstand heiraten, Akademikerinnen hingegen sich in der Regel einen Mann mit gleichwertiger Bildung als Vater für ihre Kinder wünschen, wird es unter Frauen mit Hochschulabschluss weiterhin einen wesentlich höheren Anteil an Kinderlosigkeit geben. Die Bundeszentrale für gesundheitliche Aufklärung liefert für diese These die passenden Zahlen: Unter den hoch qualifizierten Deutschen im Alter von 35 bis 44 Jahren sind weniger als halb so viele Männer wie Frauen kinderlos. »Es gibt für die Akademikerinnen zu wenige Männer. Solche, die das Leben auf einer Augenhöhe verhandeln«, schreibt Susanne Mayer in der Wochenzeitung *Die Zeit*.[11] Christiane Dienel, Professorin für Europäische Politik und Gesellschaft an der Fachhochschule Magdeburg-Stendal, sieht einen direkten Zusammenhang zwischen dem Heiratsverhalten der Männer und der zunehmenden Kinderlosigkeit: »Der Heiratsmarkt wird für studierte Frauen immer enger.«[12] *Verheiratete* Akademikerinnen seien ebenso selten oder häufig kinderlos wie alle anderen Frauen. Auch an dieser Stelle zeigt sich: Viel zu selten wird öffentlich über die Rolle der Männer beim Umgang mit der K-Frage diskutiert. Was sicher auch damit zusammenhängt, dass die Medien-Debatte über Kinderlosigkeit und Geburtenrückgang von männlichen Protagonisten mit eher konservativer Ausrichtung dominiert wird. Hauptsache, im trauten Heim bleibt alles, wie es ist. Kaum verwunderlich, dass sich laut einer Studie des Deutschen Jugendinstituts Männer durch ihre Kinder »in keiner Weise beruflich oder sonstwie eingeschränkt« fühlen. Weil sich für sie meistens tatsächlich kaum etwas ändert. Es wäre jedoch zu einfach, die Schuld nur in der Herrenwelt zu suchen. Schließlich gehören nicht erst zu einer Zeugung zwei, sondern schon zu einer Partnerschaft. Warum akzeptieren viele Frauen die ewiggestrige Einstellung ihrer Partner? Warum erziehen viele Mütter ihre Söhne immer noch nach alten Rollenmustern? Warum kämpfen Frauen nicht offensiver für ihre Rechte? Die Autorin Susanne Gaschke stellt sich diese Fragen ebenfalls und beobachtet: »Die Frau darf Karriere machen, aber er putzt nicht. Auf der anderen Seite sollte man die Begeisterung, mit der Frauen für eine partnerschaftliche Aufteilung von Berufstätigkeit und Kindererziehung kämpfen, auch nicht überschätzen. Offenbar sind die traditionellen Rollenbilder sehr hartnäckig, vielleicht erscheinen sie mancher Frau bequem, mancher tatsächlich überlegen, mancher natürlich.«[13] Dabei hätten die meisten Mütter durchaus Macht und Möglichkeiten. Mehr als sie selbst vermuten. Ohne neue Initiativen ihrerseits wird es vermutlich noch lange bei den unbefriedigenden Zuständen bleiben.

Politische Einflussnahme. Das seit Anfang 2007 an frisch gebackene Mütter und Väter bezahlte Elterngeld soll (neben anderen, weiterhin bestehenden Leistungen) ein neues Geburten-Lockmittel sein, ein Anreiz für Kinderlose und ein Dankeschön für Gebärfreudige. Wer sich Zeit für das Neugeborene nimmt, zu Hause bleibt und auf Einkommen verzichtet, erhält ein Jahr lang 67 Prozent des wegfallenden Nettoeinkommens, maximal 1800 Euro im Monat. Beteiligen sich Frau und Mann mit jeweils mindestens zwei Monaten an der Auszeit und dauert diese insgesamt 14 Monate, gibt's die Zulage für den ganzen Zeitraum. Ob das die bisher erziehungsunwilligen Papas überzeugt? Familienministerin von der Leyen glaubt daran: »Das Elterngeld gibt jungen Vätern ein starkes Argument an die Hand, sich Zeit für ihr Kind zu nehmen.« Noch ist es zu früh, um über den dauerhaften Erfolg dieser Maßnahme zu spekulieren. Es scheint jedoch, dass zumindest ein (minimaler) Ansatz in der Familienpolitik zu erkennen ist, der auf eine stärkere Verantwortung von Männern bei der Erziehung abzielt. Umso aufschlussreicher sind die Reaktionen aus der Riege der konservativen Kinderlosenkritiker. »Das ist verfassungswidrig. Der Staat hat sich zu enthalten in der Einflussnahme darauf, wie Eltern ihre Erziehung wahrnehmen«, sagt der Familienrechtler Jürgen Borchert, Richter am Landessozialgericht Hessen, dem *Kölner Stadt-Anzeiger*. Ähnlich beurteilt der CSU-Bundestagsabgeordnete Norbert Geis die Einführung des Elterngelds. Beide haben sich mit Büchern und in Talkshows einen Namen als betonflexible Bewahrer des traditionellen Familienbildes gemacht. Die Fixierung alter Geschlechterrollen ist ihr Ziel, und sie wissen die schweigende Mehrheit der Männer hinter sich. »Frauen aller Länder, vereinigt euch – aber bitte nur mit euren Männern zum Zweck der Fortpflanzung«, könnte deren modernisiertes Credo lauten. Zum Glück gibt es aber auch andere Stimmen. Thomas Sochart von der Internet-Redaktion *Väter Aktuell* meint: »Auf dem Weg zu gleichberechtigter Elternschaft sehen wir den Vaterschaftsurlaub als ersten Schritt in die richtige Richtung.« Tausende ernsthaft an Gleichberechtigung interessierte Männer werden das verlängerte Elterngeld mit Freude in Anspruch nehmen. Der *Brigitte*-Kolumnist Till Raether kann Elternzeit ohnehin nur »uneingeschränkt empfehlen«.[14] Wenngleich er voller Ironie von den überraschend positiven Reaktionen auf seinen Einsatz berichtet: »Ich hatte mich gefreut auf ›Bist du verrückt?‹ und ›Das kannst du doch nicht machen!‹. Stattdessen wurde mir viel auf die Schulter geklopft.« Zudem sei er gelegentlich als »total süßer Vater« bezeichnet worden. Demnach sei es für seine Geschlechtsgenossen jetzt noch weniger attraktiv geworden, sich in Sachen Heim & Herd zu engagieren. Sein Vorschlag: »Damit Männer Elternzeit nehmen, müsste es a) so gut wie verboten sein, eine Ordnungswidrigkeit, mit Punkten in Flensburg oder so. Und b) müsste man sich das Geld dafür nur durch skrupelloses Ausnutzen abseitiger Steuerschlupflöcher ergaunern können.« Frau von der Leyen, übernehmen Sie! Doch nun im Ernst: Ob allein finanzielle Anreize die Wende und einen Wandel innerhalb der Gesellschaft ermöglichen, steht zu bezweifeln. Gefragt ist eine Abkehr von überkommenen, alten und vielerorts zementierten Idealen. Wirtschaft, Politik, Kultur und jeder einzelne Bürger für sich – alle haben einen Anteil daran. Sicher ist: Wir brauchen mehr Betreuungsplätze. Laut einer Studie des Deutschen Jugendinstituts passen die Wünsche der Eltern nicht zur Wirklichkeit: Für ihre bis zu einjährigen Kinder wollen 13 Prozent der Eltern eine Krippen-Betreuung, doch es gibt nur Plätze für drei Prozent. Bei den Eltern zweijähriger Kinder ist das Missverhältnis ebenfalls eklatant: 60 Prozent wünschen sich Krippenplätze, aber nur 20 Prozent kommen zum Zuge. Seit Anfang 2007 kämpft die Bundesfamilienministerin für ihr Ziel, bis zum Jahr 2013 eine halbe Million zusätzlicher Betreuungsmöglichkeiten zu schaffen. Bezeichnend sind auch in diesem Fall die Reaktionen im konservativen Lager: Mehrere prominente Parteifreunde Ursula von der Leyens wehren sich gegen ein modernes Familienbild, das Müttern Entlastung bei der Betreuung gibt. Und der Augsburger Bischof Walter Mixa bezeichnete die Pläne der Ministerin gar als »kinderfeindlich und ideologisch verblendet«. Fragt sich, welche Ideologie hier wem den Durchblick trübt.

Analysen der Familienpolitik anderer EU-Länder zeigen, dass sich kaum eine übereinstimmende Formel für einen stärkeren Zeugungswillen finden lässt. Geld und gute Betreuungsangebote allein sorgen jedenfalls nicht automatisch für mehr Kinder. »Natürlich kann eine expansive Familienförderung zu einer höheren Geburtenrate führen, wie z.B. in Finnland, Schweden und Frankreich. Doch auch wenn wenig für Kinder getan wird, die Wirtschaft prosperiert und die Arbeitslosigkeit gering ist, werden viele Kinder geboren, wie Irland und Großbritannien beweisen«, heißt es zum Schwerpunkt-Thema Familienpolitik auf der Homepage von *3sat*. Eine allgemeingültige Theorie zur Erhöhung der Geburtenzahlen gebe es nun einmal nicht. Schade. Eines ist allerdings sicher: Wenn potenzielle Eltern nur geringe Einkommen zur Verfügung haben und der Staat wenig zu ihrer Unterstützung unternimmt, bleibt als Folge der Nachwuchs aus: siehe Italien, Spanien und Griechenland, die als größte demografische Problemnationen in der EU gelten. Vorbildliche Familienpolitik wird hingegen Island, Dänemark, Schweden, Luxemburg und Norwegen bescheinigt. Diese Länder weisen deutlich höhere Geburtenraten als Deutschland auf und gelten als modern und fortschrittlich. Eine erstaunliche Entwicklung, denn bisher vermutete eine Mehrzahl der Experten stets, dass zeitgemäße, emanzipierte Gesellschaften wie ein Verhütungsmittel für Kinderwünsche wirken. Doch: »Sozioökonomische Daten zeigen, dass sich der Zusammenhang zwischen Modernisierung und sinkender Fertilität in den hochentwickelten Nationen Westeuropas umgekehrt hat. Heute verzeichnen jene Industrienationen die höchsten Geburtenziffern, in denen die ökonomisch-gesellschaftliche Entwicklung am weitesten fortgeschritten ist«, meint Reiner Klingholz, der Direktor des Berlin-Instituts für Bevölkerung und Entwicklung.[15] Das beweist nicht zuletzt das skandinavische Modell, das auf die Berufstätigkeit beider Elternteile setzt und eine staatliche Kinderbetreuung garantiert. In Dänemark werden beispielsweise nur 30 Prozent der staatlichen Leistungen direkt an die Familien gezahlt, 70 Prozent gehen in die Infrastruktur. Hierzulande ist es genau umgekehrt. Schweden gilt schon seit längerem als Musterbeispiel für eine langfristig orientierte, erfolgreiche Familienpolitik. Der schwedische Staat schuf Rahmenbedingungen, die sich am Leitbild berufstätiger Eltern orientieren. Die Quote der Väter, die Elternurlaub (Dauer: eineinhalb Jahre) nehmen, hat sich in 25 Jahren von knapp drei auf mehr als 36 Prozent erhöht. Vier Fünftel aller schwedischen Väter gönnen sich den auf zehn Tage befristeten Vaterschaftsurlaub. Eine ähnliche Entwicklung fand in Island statt: Fast 90 Prozent der Väter entscheiden sich mittlerweile für »Vätermonate«, 17 Prozent bleiben sogar länger als ein Vierteljahr zu Hause. Auch in Frankreich hat Familienpolitik traditionell einen sehr hohen Stellenwert, die Betreuungsangebote sind wesentlich vielfältiger und besser als hierzulande. Lernen von anderen Ländern, so ist anzunehmen, könnte der deutschen Familienpolitik guttun. »Einige unserer Nachbarländer sind den demografischen und familienpolitischen

Herausforderungen erfolgreicher begegnet: Es werden mehr Kinder als bei uns geboren, sie haben eine geringere Familienarmut, geringere Arbeitslosigkeit und ein höheres Wirtschaftswachstum«, heißt es selbstkritisch in einem Bericht des Bundesfamilienministeriums. An anderer Stelle ist nachzulesen: »Aufgabe von Politik ist es, positive Rahmenbedingungen zu schaffen. Und zwar genau die Rahmenbedingungen, die die Menschen brauchen, wenn sie sich für Kinder und für Familie entscheiden wollen. Dabei muss sich Familienpolitik an Lebensrealitäten, an Lebensentwürfen von Männern und Frauen und an den Bedürfnissen von Kindern orientieren.« Klingt gut. Und sollte endlich einmal in die Tat umgesetzt werden. Weiterhin an der traditionellen Arbeitsteilung zwischen Frauen und Männern festzuhalten, würde die Kinderzahlen jedenfalls noch weiter sinken lassen, so ist in einer Studie des Berlin-Instituts nachzulesen. Die Experten meinen darin zudem, dass ein Zurück zu konservativen Familienwerten definitiv nicht zu höheren Kinderzahlen führen würde. Was im Umkehrschluss keinesfalls bedeutet, dass die Nivellierung von Geschlechterunterschieden anvisiert werden sollte.

Wer weiß – vielleicht trägt das neue Elterngeld tatsächlich dazu bei, dass sich langsam etwas am Status quo ändert und mehr Frauen als bislang sich nicht automatisch verpflichtet fühlen, ihre alte Service-Rolle einzuhalten. Es ist an der Zeit, dass die scheinbar immer noch allzu oft allgemeingültige Ideologie von der Vollzeitmutter ohne nennenswerte Unterstützung eines Mannes ins Wanken gerät. Im Übrigen will niemand denjenigen Frauen ins Gewissen reden, die Lust auf Heim, Herd und Haushalt haben –

wenn sie daran Spaß haben und zufrieden sind, ist das nicht zu beanstanden. Uns geht es um die anderen. Die sich gezwungen oder gedrängt fühlen und nicht wagen, aufzubegehren. Bleibt der offenbar dringend erforderliche Aufruf: Männer, ran an Herd, Wickeltisch und Staubsauger! Es gibt ein Leben außerhalb der Erwerbsarbeit.

Miteinander statt gegeneinander

Neid und Missgunst zwischen Kinderlosen und Eltern •
Klischeevorstellungen beherrschen die Diskussion •
Mehr Verständnis zwischen den beiden Gruppen ist
möglich • Was jetzt dafür getan werden kann

Eltern gegen Kinderlose und umgekehrt – hat der neue
Klassenkampf bereits begonnen? Ja, meint der Soziologe
Paul Nolte. Er befürchtet, dass sich die Lebensformen dieser beiden Bevölkerungsgruppen immer weiter voneinander entfernen.[1] Die mögliche Folge: Parallelwelten, in
denen sich die beiden Lager bequem eingerichtet haben,
argwöhnisch die jeweils andere Seite ins Visier nehmen
und aus ihrer selbst gewählten Isolation kaum herauskom-
men. Ein fataler Zustand. Zwei Monokulturen. Aber ist es
wirklich schon so weit? Generell kann dies sicher nicht behauptet werden. Doch *Der Spiegel* meint:»Kindseltern und
Kinderlose streiten über Ursachen und Konsequenzen des
Bevölkerungsrückgangs – häufig hochgradig emotiona-
lisiert.«[2] Im Online-Portal www.single-generation.de ist
nachzulesen:»Familie contra Singles«. *Mit* gegen *Ohne*,
Gut gegen Böse, Tradition gegen Postmoderne – der
Kampf zwischen Eltern und Kinderlosen scheint tatsächlich entbrannt, wenn man sich auf die Kritik konzentriert,
die von beiden Gruppen regelmäßig formuliert wird. Ab-
fällige Bemerkungen sind schnell gemacht, Klischees werden geschaffen oder – durch Negativbeispiele – bestätigt.
Kinderlose? Klar, das sind doch allesamt Abzocker, Egois-

ten, Karrierefreaks, Außenseiter oder Gescheiterte: »Die tun nichts für den Fortbestand unseres Volkes und profitieren auch noch über die Sozialsysteme von Familien.« Mütter und Väter? Ist doch klar, dass es sich bei ihnen ausschließlich um Spießer, Langweiler, Normalos, Hilfebedürftige oder Kostenfaktoren handelt: »Die leben von Sozialleistungen, die nur durch Abgaben von Kinderlosen überhaupt möglich sind.« Auf diese schlichte Vorurteilsebene reduziert, verläuft ein tiefer Graben zwischen Kinderlosen und Familien. Man könnte fast meinen, sie stünden sich unversöhnlich wie zwei ehemalige (zum friedlichen Zusammenleben gezwungene) Kriegsgegner gegenüber.

Wer will, findet leicht sein Feindbild. Eltern, die ihr mit repräsentativen Kindern ausstaffiertes Eigenheim als Wagenburg betrachten, die es gegen mögliche Eindringlinge von außen und Andersdenkende zu verteidigen gilt. Mütter, deren gesellschaftliches oder politisches Interesse den Nuckelflaschenhorizont nicht überschreitet. Väter, die mit stolz geschwellter Brust Fotos ihrer wohlgeratenen Kinder vorzeigen und über richtige Kindererziehung schwadronieren (obwohl sie davon nur aus den Erzählungen ihrer Frauen wissen). Oder jene Teile der Erzeugergemeinschaft, die der Journalist Stephan Lebert beschreibt: »Mütter rufen in die Welt hinaus, wie schwer es sei, Selbstverwirklichung und Kindererziehung unter einen Hut zu bringen. Mütter jammern darüber, wie sehr ihr Selbstbewusstsein unter der Hausarbeit leide. Väter kündigen heroisch an, sie würden natürlich Vaterschaftsurlaub nehmen – und tun es dann doch nicht. Väter jammern darüber, sie wären ohne Kind im Beruf viel erfolgreicher, weil sie ja das Wochenende und die Abende zu Hause sein müssten und wollten.

Und Mütter und Väter singen im Gleichklang landauf, landab, ihr Sexleben sei ohne Kinder besser gewesen.«[3] Leidensberichte, die uns Kinderlosen kaum Lust auf Familienpläne inklusive Kinderreichtum machen. Im Übrigen kennen wir jede Menge Eltern, auf die diese Beschreibungen nicht einmal ansatzweise zutreffen. Und wir wollen an dieser Stelle nicht verschweigen, dass es auch unter uns Kinderlosen feindbildtaugliche Gestalten gibt: Blockwartähnliche Typen, die beim geringsten menschlichen Geräusch im Wohnhaus Polizei oder Vermieter verständigen. Arbeitsgeile Karrieristen, die glauben, dass nur Geld und Erfolg zählen. Pathologische Familienverachter, die es für unwürdig erachten, überhaupt mit Eltern zu kommunizieren und diese höchstens belächeln. Vielleicht hat Susanne Gaschke gar nicht so unrecht, wenn sie in ihrem Buch *Die Emanzipationsfalle* behauptet: »Wir sind zu bequem: Wir schlafen zu gern aus, gehen zu gern essen oder ins Theater, fahren zu gern übers Wochenende weg oder in der Nebensaison auf die Seychellen. Und wir sind klug genug vorherzusehen, dass das mit Kindern schwierig wird, vorübergehend wenigstens.« Für einen Teil der Kinderlosen mag das tatsächlich zutreffen, nicht jedoch für die Mehrheit von uns. Wen auch immer man sich bewusst aus der einen oder anderen Gruppe herauspickt: Meist komplettieren diese Figuren das bereits bestehende Klischee – und sind doch nur Extreme, die nicht automatisch etwas über die anderen Menschen ihrer sozialen Gruppe aussagen.

Zweifellos wird auf beiden Seiten viel gejammert, geklagt, gefordert und gestritten. Nachgedacht vielleicht nicht ganz so viel. Sonst würde sich wohl eher die Erkenntnis einstellen, dass es sich bei näherer Betrachtung überwiegend um einen inszenierten, medialen und politischen Kampf handelt, in dem beiden Seiten instrumentalisiert werden. Auf dem schmierigen parteipolitischen Parkett taugt das K-Thema seit jeher und noch immer als Aufreger, Schlagzeilengarantie, je tiefer in die Klischee-Kiste gegriffen wird. Die Auswirkungen auf die Zeugungs- und Gebärfreudigkeit sind allerdings mehr als bescheiden, wie Bernd Ulrich in der Wochenzeitung *Die Zeit* schreibt: »Da liegt doch die Vermutung zunächst mal nahe, dass die Art, wie da geredet, gestritten und geholfen wird, etwas zur grassierenden Kinderlosigkeit beiträgt. Der familienpolitische Diskurs hat offenbar selbst eine verhütende Wirkung.« Üblicherweise handelten politische Debatten von Problemen, damit werde der Eindruck, Kinder zu haben sei eine schwierige, enorm riskante Angelegenheit, nur verstärkt.[4] Eine weitere Folge: Die öffentlich zur Schau gestellten Gräben zwischen Kinderlosen und Eltern werden tiefer. Was keinesfalls dem realen Bild im persönlichen Umfeld entsprechen muss. In der Lebenswirklichkeit der meisten Deutschen kommen nämlich diejenigen *mit* meist gut mit jenen *ohne* aus. Sie ergänzen sich prima, vor allem dann, wenn kinderlose Tanten und Onkel, Nachbarn und Freunde einen guten Draht zu den Familien mit Nachwuchs haben. Und dennoch: Über individuelle Netzwerke hinaus fehlt es vielerorts an gegenseitigem Verständnis. An der Bereitschaft zur Selbstkritik. Oder einfach nur an der Kenntnis der jeweils anderen Lebensumstände. So muss man sich nicht darüber wundern, dass immer wieder die gleichen Schubladen aufgezogen und mit den entsprechenden Vorurteilen gefüllt werden. »Im Sortieren waren wir Deutschen schon immer gut, zu allen Zeiten, unter

130

allen Verhältnissen. Heute sortieren wir die Kinderlosen von den Eltern. Die Doppelverdiener- von den Hausfrauenehen. Die Kinderbesitzer von den Hundebesitzern. Die Deutschen von den Ausländern. Die Jungen von den Alten. Die Raucher von den Nichtrauchern. Die schnellen Schüler von den langsameren. Die auf Lebenszeit angestellten von der Generation Praktikum«, schreibt die stellvertretende *Chrismon*-Chefredakteurin Ursula Ott, die selbst zwei Kinder hat.[5] Dass die beschriebene Einteilung und Abgrenzung kontraproduktiv ist, muss wohl nicht ausführlicher erörtert werden. Laut *Stern* haben Paare und Singles kaum Berührungspunkte und verbringen nur etwa zehn Prozent ihrer Freizeit miteinander. Das reine Unteruns-Bleiben, so selten es im Einzelfall bewusst herbeigeführt sein mag, bringt niemanden weiter. Und, mal ganz ehrlich, es ist auch ziemlich langweilig. Wer sich phasen- oder auch nur stundenweise in Zonen begibt, in denen andere Lebensformen vorherrschen, profitiert davon. Wir können das temporär eingegrenzte Eintauchen in eine andere Welt wärmstens empfehlen – es lohnt sich! Eine unvoreingenommene, zielorientierte Annäherung fällt allerdings nicht jedem leicht.

Auf dem Bürgersteig kreuzen sich die Wege einer kinderlosen Karrierefrau und einer jungen Mutter mit Kinderwagen. »Hat die es gut«, denkt die Passantin im Business-Outfit und blickt ihrer Altersgenossin nachdenklich hinterher. Die Buggy schiebende Frau dreht sich im Vorbeigehen um und sieht die Geschäftsfrau grübelnd an. »Hat die es gut«, geht es ihr ebenfalls durch den Kopf. Diese Szene, einem Anzeigenmotiv der Bundeszentrale für gesundheitliche Aufklärung entnommen, vermittelt perfekt den oft zwiespältigen und widersprüchlichen Umgang zwischen Menschen mit unterschiedlichen Lebensentwürfen. Die Beziehungen bleiben schwierig.

»Da ist Neid im Spiel, vielleicht schielen Eltern auf die Kinderlosen und stellen fest: Ihr könnt in Urlaub fahren, wir nicht, ihr habt Hobbys, für die uns die Zeit fehlt. Vielleicht spielt von Seiten der Eltern auch das Gefühl eine Rolle, die haben sich getraut, eine Entscheidung für ihre Bedürfnisse und ihre Lebensvorstellungen zu treffen. Andersherum formulieren ja Kinderlose, dass sie durch ihre Entscheidung gegen Kinder wahrscheinlich auch etwas Wichtiges im Leben verpasst haben, auch wenn sie anderes gewonnen haben. Jede Entscheidung hat ihren Preis«, lautet die Antwort der Psychologin Christine Carl auf die Frage, warum sich Kinderlose und Eltern oft so unversöhnlich gegenüberstehen.[6] Jede Gruppe gewinnt und verliert durch ihren Entschluss für oder gegen Nachwuchs – genau das ist der Punkt. Wer einsieht, dass beide Lebensformen ihre Sonnen- und Schattenseiten haben und sich gut ergänzen, verzichtet gerne auf einen verbalen Klassenkampf. Die Autorin Claudia Rusch weiß von einer Situation zu berichten, in der eine Mutter sie um eine Kurzreise beneidete: »Fast ein bisschen vorwurfsvoll rief sie: ›Ach, ich hätte auch gerne mal Urlaub von zu Hause!‹ – ›Und ich hätte gerne Kinder!‹, schoss ich postwendend zurück. Sie tat mir kein bisschen leid. Mein Leben in Unabhängigkeit hat seine Schattenmomente genauso wie ihr Dasein als Familienmensch. Da bin ich gnadenlos.«[7]

Hand aufs Herz: Sowohl Eltern als auch Kinderlose befinden sich immer wieder in Situationen, in denen sie gerne mit den anderen tauschen würden. Es fällt offenbar nur verdammt schwer, dies zuzugeben. Doch was ist schon dabei? Selbstverständlich gefällt vielen von uns die Vorstellung, mit Kindern durch den Garten zu toben, ihnen Gutenachtgeschichten vorzulesen oder einen interfamiliären Wochenendkuschelwettbewerb zu starten. Umgekehrt sehnen sich Millionen Mütter und Väter nach störungsfreien Nächten, Urlaub in der Nebensaison oder mehr Zeit für die eigenen Hobbys. Ein bisschen mehr Ehrlichkeit und Objektivität würde der Debatte guttun. Die Journalistin und zweifache Mutter Julia Karnick ist eines der positiven Beispiele – sie berichtet in der *Brigitte* vom unersetzbaren Vorteil ihrer allerletzten kinderlosen Single-Freundin: »Die letzte, die ich anrufen kann, wenn ich dringend ausgehen möchte, die letzte, die nicht ständig auf die Uhr guckt, weil sie am nächsten Tag früh aufstehen muss, die letzte, die mich daran erinnert, dass meine Art zu leben nicht die einzig mögliche ist. Wie kommen Singles darauf, dass Paare mit Kindern sie nicht brauchen, nicht hineinlassen wollen in ihr Leben? Ich brauche B. gerade, weil sie so anders lebt als ich.« Das ist – unter umgekehrten Vorzeichen – einer der Gründe, warum uns, den Autoren dieses Buchs, besonders viel an unseren Freunden mit Nachwuchs liegt. Weil sie uns zeigen, dass es sehr wohl Spaß und Sinn machen kann, ganz anders zu leben als wir. Alle anderen Gedanken wären auch ziemlich vermessen. Wir wollen keine kinderlose Welt. Wir wollen nur selbst keine eigenen Kinder (mehr). Und, übrigens, um noch ein altes Vorurteil zu widerlegen: Kinderlose erinnern sich sehr wohl noch gut daran, dass auch sie einmal Kinder waren. Das war keine schlechte Zeit, wirklich nicht. Aber muss man deswegen zwangsläufig selbst Kinder bekommen?

Die Diskussion um höhere Geburtenzahlen treibt bisweilen merkwürdige Blüten – und dem Alter erstgebärender Mütter scheint mittlerweile nach oben keine Grenze mehr gesetzt zu sein. In Aschaffenburg hat im November 2007 eine 64-jährige Frau ihr erstes Kind zur Welt gebracht. Damit ist sie vermutlich die älteste Frau, die in Deutschland jemals Mutter wurde. Der Fortpflanzungstourismus boomt, Eizellenspenderinnen werden bis zu 5000 US-Dollar gezahlt. Auf einer Konferenz in Prag im Juni 2006 präsentierte ein Team britischer Reproduktionsmediziner eine ganz eigene Lösung: Die europäischen Regierungen müssten Paaren mit unerfülltem Kinderwunsch einfach nur genügend Fruchtbarkeitsbehandlungen bezahlen, so die Meinung der Fachleute. Dann sähen die Geburtsstatistiken schon bald anders aus. Ein völlig selbstloser Vorschlag von hilfsbereiter Seite, versteht sich. Wenig Erfolg versprechend und äußerst gewöhnungsbedürftig hingegen ist die Methode, mit der *Super-Illu-TV* bereits vor einigen Jahren gegen das Aussterben der (ost-)deutschen Bevölkerung vorging. Die bizarre Aktion unter dem Motto »Poppen für Meck-Pomm« versprach den Gewinnern einen exklusiven Hotelaufenthalt im Doppelzimmer zum Zweck der Nachwuchszeugung. »Ihr Kinderlein, kommet!« mal ganz anders. Und definitiv nichts für uns. Obwohl selbstironisch gemeint, bringt vermutlich auch die Aktion des Ehepaares Susan und David Moore niemanden weiter: Die zwei kinderlosen Australier verkaufen über ihre Homepage T-Shirts, Tassen, Taschen und Anstecker mit dem Hinweis »Child-Free-Zone«. Als Logo fungiert ein im Stil eines Verkehrs-Verbotsschildes durchgestrichenes Baby. Ob das wirklich witzig ist, sei dahingestellt.

Was stattdessen getan werden könnte, um die Beziehungen zwischen Kinderlosen und dem Rest der Welt, zwischen Frauen und Männern, zwischen Demografen und Demagogen, zwischen angeblichen Gutmenschen und vermeintlichen Genussmenschen zu normalisieren, haben wir in diesem Buch beschrieben. Ansatzpunkte gibt es zur Genüge. Etwas mehr Gelassenheit könnte der Diskussion um die Reproduktion jedenfalls nicht schaden. Entertainer Harald Schmidt (ein vierfacher Vater) macht's vor. In seiner ARD-Show kommentierte er die Ergebnisse einer Familienumfrage des Allensbach-Instituts für Demoskopie. Zitat: »68 Prozent der Deutschen sagen: ›Jawoll, Familie macht glücklich.‹ – Und drei Prozent sagen sogar: ›Die eigene.‹« Gut, wenn man – wie Schmidt – über sich selbst lachen kann. Und nicht gedankenlos nachplappert, was an Klischees und Vorurteilen durch die Medien geistert. Das Krisengeheul von der sinkenden Geburtenrate muss uns nicht alarmieren. Höchstens zum Nachdenken anregen. Möglicherweise hat einfach jedes Land genau *die* Geburtenrate, die es verdient.

Was wir wollen, lässt sich abschließend folgendermaßen zusammenfassen:

- Eine der K-Frage angemessene, objektive Mediendebatte, ohne abgegriffene Klischees und Vorurteile zu strapazieren
- Keine heuchlerischen, politischen Brandreden zum Geburtenrückgang, während die Rahmenbedingungen fürs Kinderkriegen weiter verschlechtert werden
- Eine von Voreingenommenheiten und Verallgemeine-

rungen freie Analyse der Gründe von Kinderlosen, (vorerst) auf Nachwuchs zu verzichten
- Einen entspannten, toleranten Umgang mit Kinderlosen, ohne weiterhin gesellschaftlichen Druck zu erzeugen
- Einen grundsätzlichen Verzicht auf spekulativ-willkürliche Hochrechnungen mitsamt den daraus resultierenden Forderungen, Kinderlose müssten in finanzieller Hinsicht bestraft werden
- Eine neue Aufgabenverteilung zwischen Männern und Frauen, wenn es um Kinder, Karriere und Küchenarbeit geht
- Ein besseres Klima zwischen Kinderlosen und Kinderhabern, das von gegenseitigem Verständnis und Interesse geprägt ist statt von Geringschätzung oder Generalisierungen.

Bis es so weit ist, werden uns noch viele Menschen falsch einschätzen und pauschal als Egoisten einordnen. Dass wir vermutlich immer Fremde in der Welt der Fläschchen, Mützchen und Lätzchen bleiben werden, ist uns bewusst. Und dass Mütter und Väter unseren Lebensstil zumindest zwiespältig beurteilen. Aber vielleicht können wir mit diesem Buch dazu beitragen, dass sich neue Einblicke ergeben und eine neue Debatte beginnt. Die Zeit ist reif dafür.

Anmerkungen

Katastrophengerede und Panikmache

1 Karl Otto Hondrich, *Weniger sind mehr. Warum der Geburtenrückgang ein Glücksfall für unsere Gesellschaft ist.* Campus Verlag 2007, S. 42

2 Zitiert nach *Der Spiegel* 10/2004 (Hentig- und Herzog-Zitate)

3 Frank Schirrmacher, *Minimum.* Karl Blessing Verlag 2006, S. 70

4 Zitiert nach *Emma* 11 und 12/2005, »Pascha des Monats«

5 Zitiert nach WDR *Hart aber fair* vom 22. 3. 2006

6 Zitiert nach Interview mit der Zeitschrift *Freitag* vom 9. 7. 2004

7 Christiane Grefe, »Es ist halt passiert«. In: *Die Zeit*, 6. 5. 2004

8 Gerd Bosbach »Demographische Entwicklung – Realität und mediale Aufbereitung«, zitiert nach Berliner Debatte Initial 3/2006

9 Berlin-Institut für Bevölkerung und Entwicklung (Hg.), *Deutschland 2020. Die demografische Zukunft der Nation.* Berlin 2005, S. 4

10 »Genauigkeit der Geburtenrate in Frage gestellt«. In: *Süddeutsche Zeitung*, 23. 7. 2007

11 Susanne Wittlich, »Weniger dramatisch«. In: *Focus* 34/2006

12 Udo Perina, »Falsche Propheten«. In: *Die Zeit*, 16. 5. 2007

13   Ulrich Beck. In: *Süddeutsche Zeitung*, 11. 8. 2006

14   DIW Discussion Papers 473, S. 1

15   Zitiert nach M/Medien 5/2006, »Ideologie der Apokalypse«

16   Zitiert nach Berliner Debatte Initial 17/2006, »Generationengerechtigkeit – Zukunftsverpflichtung oder Kampfbegriff?«

Druck von allen Seiten

1   Brigitte Piwonka, *Der Kinderwunsch, ein Egotrip?* Eichborn 1996

2   Lindy Ziebell, Christiane Schmerl und Hannelore Queisser, *Lebensplanung ohne Kinder*. S. Fischer Verlag 1992, S. 59

3   Stern, 19/2006

4   Meike Dinklage, *Der Zeugungsstreik*, Diana Verlag 2005, S. 11

Die Vielfalt der Lebensentwürfe

1   Zitiert nach »Lebensentwürfe – politisch steuerbar?« In: Berliner Debatte Initial 17/2006

2   Zitiert nach Lindy Ziebell, Christiane Schmerl und Hannelore Queisser, *Lebensplanung ohne Kinder*. S. Fischer Verlag 1992, S. 161 und 163

3   Zitiert nach www.familienhandbuch.de

4   Claudia Rusch, »Doppelpunkt. Ich will fünf Kinder«. In: *Chrismon* 09/2006, S. 22

5   Natur & Umwelt, BN Magazin 3-07, S. 18, »Der demografische Wandel – eine Chance!«

6 Zitiert nach www.innovations-report.de vom 14. 12. 2000, Friedrich-Schiller-Universität Jena, Dr. Bernhard Strauß und Dipl.-Psych. Karla Ningel

7 Karl Otto Hondrich, *Weniger sind mehr. Warum der Geburtenrückgang ein Glücksfall für unsere Gesellschaft ist.* Campus Verlag 2007, S. 226

8 Umfrage im Auftrag des Forums *Familie Stark Machen*: »Braucht man eine Familie, um glücklich zu sein?«, Expertengespräch, Mainz, 1. 2. 2005

9 Zitiert nach »Kinder wirken wie Heroin«. In: *Der Spiegel* 31/2006

10 Julia Karnick, »Ja klar, aber«. In: Brigitte 19/2006, S. 118

11 Regine Schneider, *7 Gründe keine Kinder zu kriegen.* Marion von Schröder Verlag 2003, S. 184f.

12 Thea Dorn, *Die neue F-Klasse.* Piper 2006, S. 314

Gute Gründe für ein Tabu

1 Lindy Ziebell, Christiane Schmerl und Hannelore Queisser, *Lebensplanung ohne Kinder.* S. Fischer Verlag 1992, S. 213

2 DIW Berlin Discussion Papers 473, »Wer bleibt kinderlos?«

3 Zitiert nach Susanne Gaschke, *Die Emanzipationsfalle.* C. Bertelsmann Verlag 2005, S. 70

4 Zitiert nach Stern 19/2006

5 Tobias Kniebe, »Warum kriegen wir so wenige Kinder?« In: *Neon* 4/2004, S. 32

6 Zitiert nach »Am demographischen Abgrund«. In: *Frankfurter Allgemeine Zeitung*, 12. 10. 2002

7 Zitiert nach einem Interview mit www.familienhandbuch.de

8 Zitiert nach Der Spiegel 2/2004, S. 43

9   Esther Vilar, »Heiraten ist unmoralisch«. Lübbe 1994, S. 88f.

10 Zitiert nach Regine Schneider, *7 Gründe keine Kinder zu kriegen*, Marion von Schröder Verlag 2003

11 WDR5, LebensArt vom 25.11.2003, Thema: »Kinder? Nein danke!«; Studiogast Christine Carl

Das Märchen vom Egoismus

1   Andrea Dee, *Müssen Frauen Mütter sein?* Ueberreuter 1999

2   Zitiert nach www.liga-kind.de

3   »Sollten nicht wir unsere Kinder glücklich machen?« In: Brigitte 19/2006, Seite 125

4   Andrea Dee, *Müssen Frauen Mütter sein?* Ueberreuter 1999, S. 112

5   Esther Vilar, *Heiraten ist unmoralisch.* Lübbe 1994

Warum Finanzminister Kinderlose lieben

1   »Keine Kinder – halbe Rente?« In: *Süddeutsche Zeitung*, 16. 3. 2006

2   *Westdeutsche Zeitung*, 10.08.2005

3   Zitiert nach www.single-generation.de

4   Zitiert nach www.single-generation.de

5   *Gong*, 13. 4. 2006

6   Die Modellrechnung beruht auf folgenden Annahmen: Laut Statistischem Bundesamt sind durchschnittlich von 300 000 Müttern 35 % nicht erwerbstätig (105 000), 38 % arbeiten in Teilzeit (114 000) und 22 % (66 000) Vollzeit. Jene

5 %, die sich gerade in Mutterschutz oder in Elternzeit befinden, werden vernachlässigt.

Der Einnahmeausfall (Steuer- und Sozialabgaben) wird anhand eines Vergleiches mit zwischen Kinderlos 1 und den Familien berechnet. Ergibt ausgehend von Familie 1 (siehe Modellrechnung) einen Ausfall von 31 Mrd. Euro, ausgehend von Familie 2 einen Ausfall von 28 Mrd. Euro.

Das heißt: Werden fünf Jahre lang jedes Jahr 300 000 Kinder mehr geboren, würden rund 59 Mrd. Euro weniger einbezahlt (Beiträge gerundet, Abgaben der Arbeitgeber nicht mitberechnet).

Allein für den kleinen Posten Kindergeld würden 8,3 Mrd. Euro mehr benötigt. Im Mai 2003 gab es laut Statistischem Bundesamt insgesamt 8,869 Mill. Mütter im erwerbsfähigen Alter (15 bis > 65).

Wichtig: Sämtliche Modellrechnungen basieren auf einer Berechnung nach dem Prinzip von Gehaltsrechnern, die individuelle Unterschiede nicht berücksichtigen können und einen allgemeingültigen Durchschnittswert angeben.

7 *Frankfurter Allgemeine Zeitung*, 4. 4. 2003; www.single-generation.de

8 Berliner Debatte Initial 3, 17/2006, »Demographische Entwicklung – Realität und mediale Aufbereitung«, S. 61

9 »Der Methusalem-Komplex«. In: *SZ-Magazin*, 8. 12. 2006,

10 *Emma*, 5 und 6 2006

11 Barbara Dribbusch, »Ein Schritt zu weit«. In: *tageszeitung*, 31. 3. 2003

12 Alle Angaben aus: Institut für Weltwirtschaft an der Universität Kiel 2006, »Familienpolitik in Deutschland, Fokussierung notwendig«, Pressemitteilung vom 19. 4. 2006

13 Georg Meck, *Das Geld kriegen immer die anderen*. Eichborn 2007, S. 48ff.

14 »No kidding!« In: *Stern* 13/2006

15 Elinor Burkett, *The Baby Boom. How family-friendly America cheats the childless*. The Free Press 2000

Prädikat: Gesellschaftlich wertvoll

1 Reinhard Kahl in: *Welt am Sonntag*, 25. 4. 2004

2 Jeanne Rubner, »Mach dich locker, Mama«. In: *Süddeutsche Zeitung*, 8./9. 5. 2006

3 Susanne Gaschke, »Wenn Männer dröhnen«. In: *Die Zeit*, 23. 3. 2006

4 Zitiert nach Lindy Ziebell, Christiane Schmerl und Hannelore Queisser, *Lebensplanung ohne Kinder*. S. Fischer Verlag 1992

5 Ursula Ott in: *Chrismon* 06/2006

Heuchelei in Politik und Wirtschaft

1 »Im Bauch der Gesellschaft«. In: *Süddeutsche Zeitung*, 7. 9. 2006

2 Zitiert nach »Auf Nummer Unsicher«. In: *Der Spiegel* 31/2006,

3 Christoph Keese, »Konsum ist erste Bürgerpflicht«. In: *Financial Times Deutschland*, 4. 1. 2004

4 Zitiert nach »Abwärts« (Interview). In: *Süddeutsche Zeitung*, 16.03.2006

5 Zitiert nach Berliner Debatte Initial 03/2006

6 Zitiert nach www.innovations-report.de, »Junge Erwachsene – die Verlierer der Globalisierung?«, 28. 6. 2005

7 Richard Sennett, *Der flexible Mensch*. Berliner Taschenbuch Verlag 2006, S. 29 und 191

8 Dirk Kurbjuweit, *Unser effizientes Leben*, Rowohlt 2003

9 Heribert Prantl, Rede zur Auftaktveranstaltung des Gesellschafter-Projekts am 11. 3. 2006

10 Zitiert nach WDR, *Hart aber fair* vom 13. 3. 2006

Frauen zurück in die Zukunft – und die Männer?

1 Zitiert nach »Vertrocknete Seelen«. In: *Der Spiegel* 38/2007, S. 129

2 DIW Berlin, Discussion Papers 473

3 Berlin-Institut für Bevölkerung und Entwicklung, Studie »Emanzipation oder Kindergeld«

4 Zitiert nach »Die Helden sind ratlos« (Interview). In: *Der Spiegel*, 40/2006, S. 150

5 Susanne Gaschke, *Die Emanzipationsfalle*. C. Bertelsmann Verlag, 2005, S. 77

6 *Emma*, 5 und 6 2006

7 Eva Herman, *Das Eva-Prinzip*. Pendo 2006

8 Frank Schirrmacher, *Minimum*, Karl Blessing Verlag, S. 138

9 Zitiert nach »Die Frauen-Falle«. In: *Der Spiegel* 17/2006, S. 36

10 Zitiert nach »Die Mythen von der Kinderlosigkeit«. In: *Süddeutsche Zeitung*, 21./22. 11. 2006

11 »Familienkrach«. In: *Die Zeit*, 10. 3. 2005

12 »Der richtige Mann fehlt«. In: *Süddeutsche Zeitung*, 7. 9. 2005

13 Susanne Gaschke, *Die Emanzipationsfalle*. C. Bertelsmann Verlag 2005, S. 111

14 »Ist er nicht süß, der neue Vater?«In: *Brigitte* 17/2006, S. 126

15 Reiner Klingholz, »Unser Vorbild sei Island«. *In: Frankfurter Allgemeine Zeitung*, 18. 2. 2005

Miteinander statt gegeneinander

1 Zitiert nach »Es ist Zeit für Gefühle«. In: *Süddeutsche Zeitung*, 25./26. 2. 2006,

2 *Der Spiegel* 2/2004

3 Stephan Lebert in: *Die Zeit*, 24. 2. 2005

4 »Warum habt ihr Angst vor mir?« In: *Die Zeit*, 17. 2. 2005

5 »Alle haben Familie«. In: *Chrismon* 06/2006

6 Zitiert nach einem Interview mit der Zeitschrift *Freitag* vom 9. 7. 2004

7 Claudia Rusch, »Doppelpunkt. Ich will fünf Kinder«. In: *Chrismon*, 9/2006